示范校重点专业建设成果教材
职业教育技能型实用人才培养系列规划教材

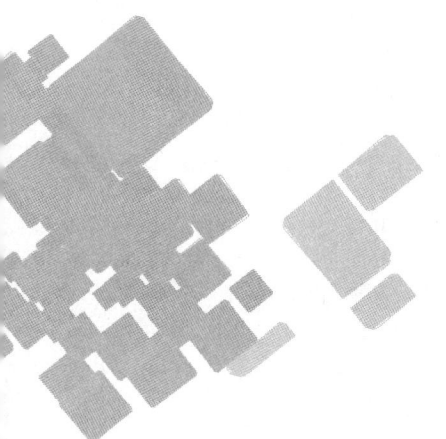

CHENGSHI GONGJIAO CHELIAN

城市公交车辆电气设备使用

DIANQI SHEBEI SHIYONG

主　编　汪　亮　冉原野　李小燕

西南交通大学出版社
·成　都·

图书在版编目（CIP）数据

城市公交车辆电气设备使用 / 汪亮，冉原野，李小燕主编. —成都：西南交通大学出版社，2018.9
示范校重点专业建设成果教材　职业教育技能型实用人才培养系列规划教材
ISBN 978-7-5643-6424-3

Ⅰ. ①城… Ⅱ. ①汪… ②冉… ③李… Ⅲ. ①公交车辆－电气设备－使用方法－职业教育－教材 Ⅳ. ①U469.13

中国版本图书馆 CIP 数据核字（2018）第 210680 号

示范校重点专业建设成果教材
职业教育技能型实用人才培养系列规划教材

城市公交车辆电气设备使用

主编　汪亮　冉原野　李小燕

责任编辑	罗在伟
封面设计	何东琳设计工作室
出版发行	西南交通大学出版社 （四川省成都市二环路北一段 111 号 西南交通大学创新大厦 21 楼）
邮政编码	610031
发行部电话	028-87600564　028-87600533
网址	http://www.xnjdcbs.com
印刷	四川森林印务有限责任公司
成品尺寸	185 mm×260 mm
印张	7.75
字数	164 千
版次	2018 年 9 月第 1 版
印次	2018 年 9 月第 1 次
定价	28.00 元
书号	ISBN 978-7-5643-6424-3

课件咨询电话：028-87600533
图书如有印装质量问题　本社负责退换
版权所有　盗版必究　举报电话：028-87600562

市级中职示范校重点专业建设教材编写委员会

主　任　李　灿　彭　超

副主任　钟晓芬　田跃红

委　员　（以姓氏拼音排序）

蔡　继	陈茂贤	蔡咏梅	邓文杰	戴　鑫	邓　宇
何　川	何加龙	何　鹏	黄永波	姜　雪	蒋　勇
匡　鹏	康元博	林　波	李　广	罗宏亮	刘　君
李进才	李施其	罗　潇	李小燕	李　怡	刘永平
彭月秋	庞远智	邱川鄂	任金花	冉原野	孙　静
苏　峻	孙纪胜	帅　林	涂　波	谭　忱	唐艳红
唐　炽	温承钦	吴　刚	王　焦	汪　亮	吴　鹏
王　谦	蔚衍娟	谢文静	夏晓波	肖应刚	杨昌玉
尹红安	袁　佳	杨　杰	杨炎锋	郑才敏	郑国秀
周海涛	赵甲进	张　余	张云川	张芸聆	周益权
张　睿					

总 序

近 5 年来,国家先后颁布了《国务院关于加快发展现代职业教育的决定》(国发〔2014〕19 号)、《国家教育事业发展"十三五"规划》(国发〔2017〕4 号)、《国务院办公厅关于深化产教融合的若干意见》(国办发〔2017〕95 号),重庆市为贯彻落实国家颁布的相关政策文件,特制定了《重庆市人民政府关于加快发展现代职业教育的实施意见》(渝府发〔2015〕17 号)等政策文件,大力推进职业教育改革发展。

为积极响应国家政策,更好地适应重庆经济转型和产业结构调整的需要,2014 年,重庆市教委、市人力社保局、市财政局决定实施市级中等职业教育改革发展示范学校建设计划,2014—2016 年,在全市范围内重点支持建设不超过 30 所市级中等职业教育改革发展示范学校。项目学校通过人才培养模式改革、专业课程体系建设、校企合作、师资队伍建设等,促进学校改革创新、内涵发展,成为全市中等职业学校改革创新的示范、提高质量的示范、办出特色的示范,在中等职业教育改革发展中发挥引领骨干和辐射作用,为经济社会发展培养高素质劳动者和高技能技术人才。

2016 年 8 月,重庆市公共交通技工学校成功申报为市级中职示范校项目建设学校。经过两年的建设,在课程改革和教材建设上取得了可喜成绩,为进一步总结经验,固化成果,特组织骨干教师编写了 20 余门系列优质课程配套教材,并交由西南交通大学出版社审核出版。

本系列教材是在相关企业专家的悉心指导以及参与下完成的。教材以强化学生职业能力和培养综合素质为主线,以工作过程为导向,以典型工作任务和生产项目为载体,立足行业岗位要求,参照相关职业资格标准和行业技术标准,遵循中职学生成长规律、中职教育规律和行业生产规律进行开发建设。教材按照项目导向、任务驱动、模拟情境等教学模式要求,构建学习任务单元,注重学生可持续发展能力、创新能力、综合技术能力的培养,具有典型的工学结合特征。

本系列教材是重庆市公共交通技工学校不断深化教学改革的结果,更是市级中职示范校建设的一项重要成果,其中凝聚了各位编审人员的大量心血与智慧,也凝聚了众多行业专家的智慧。同时,在编写过程中得到了有关兄弟院校的大力支持,在此一并表示诚挚感谢!希望该系列教材的出版能有助于促进中职相关专业人才培养质量的提高,能为交通运输类职业院校的教材建设起到积极的引领和示范作用。本系列教材涉及专业面广,加之编者对现代职业教育理念的学习和认知仍需不断地改进和提高,书中难免存在不妥之处,恳请专家、同行不吝赐教,以促使我们不断提高教材编写的质量和水平。

李 灿

2018 年 5 月

前言 PREFACE

为深入贯彻《国务院关于加快发展现代职业教育的决定》(国发〔2014〕19号)和全国职业教育工作会议精神,加强优质职教资源建设,根据重庆市委、市政府《关于大力发展职业技术教育的决定》(渝委发〔2012〕11号)有关要求,重庆市教育委员会、重庆市人力和社会保障局、重庆市财政局自2014年启动重庆市市级中等职业教育改革发展示范学校建设工作。2016年8月,重庆市公共交通技工学校获批立项为重庆市第三批市级中等职业教育改革发展示范学校建设单位。

本书是重庆市公共交通技工学校示范校重点建设专业汽车驾驶专业的建设成果之一。本书在学校多年的专业教学经验的基础上,结合行业企业对客运汽车驾驶员的特殊要求进行编写,以学生就业为导向,以能力为本位,教材内容符合汽车驾驶专业教学改革精神,能够适应客运企业对驾驶技能型人才的要求。本书是在重庆市公共交通技工学校《汽车驾驶专业人才培养方案》和《汽车驾驶专业课程体系》的框架下,严格按照《城市公交电气设备使用课程标准》编写,具有以下特色:

(1)本书以典型的实际案例为载体,文字简洁,通俗易懂,图文并茂,能有效激发学生的学习兴趣,提高学习效果。

(2)本书可作为城市公交车驾驶从业人员、大客车汽车维修从业人员、纯电动汽车维护人员培训用书及自学教材,也可用于职业院校汽车应用与维修专业客车驾驶与维修方向教学参考书。

本书主要内容包括:城市公交车辆电源系统、起动系统、点火系统、灯光仪表系统及纯电动城市公交车电气设备等5大项目11个典型任务。

本书在编写过程中参考了有关书籍、论文等文献资料,并引用了一些研究成果,在此对撰写这些文献资料的专家和学者表示深深的谢意。由于工作疏忽或者其他转载的原因，有一些引证参考资料未列明出处，在此对作者表示诚挚的歉意。

本书由重庆市公共交通技工学校汪亮、冉原野、李小燕担任主编，限于编者水平有限，书中难免有不当之处，敬请广大读者朋友提出意见和建议，以便再版时修订完善。

编 者
2018 年 5 月

目录 CONTENTS

项目一 城市公交车辆电源系统 ·· 1
    任务一 城市公交车辆蓄电池认知 ·· 1
    任务二 城市公交车辆发电机结构认知 ·································· 13

项目二 城市公交车辆起动系统 ·· 24
    任务一 城市公交车辆直流电动机结构与工作原理认知 ·············· 24
    任务二 城市公交车辆起动系统常见故障检测 ························ 35

项目三 城市公交车辆点火系统 ·· 47
    任务一 城市公交车辆点火系统认知 ···································· 47
    任务二 城市公交车辆点火系统常见故障检修 ························ 58

项目四 城市公交车辆灯光仪表系统 ·· 68
    任务一 城市公交车辆灯光仪表认知 ···································· 68
    任务二 城市公交车辆前照灯故障检修 ································ 83

项目五 纯电动城市公交车辆车身电气设备 ································· 89
    任务一 纯电动城市公交车辆车身电气设备认知 ····················· 89
    任务二 纯电动城市公交车充电设备使用 ····························· 98
    任务三 纯电动城市公交车驱动电机故障检测 ······················ 106

参考文献 ·· 114

项目一

城市公交车辆电源系统

任务一　城市公交车辆蓄电池认知

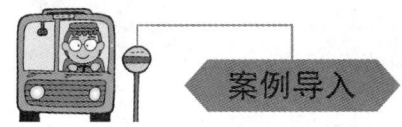

公交车驾驶员小王在出车前，对车辆进行例行检查，发现汽车发动机无法正常起动，将点火开关旋到 ON 挡，打开前大灯，发现灯光暗淡。按下电喇叭，发出的声音也微弱沙哑。经检查发现这是汽车蓄电池电量不足所致，那么蓄电池出现此类问题该如何解决呢？

一、城市公交车辆电气设备的作用与组成

城市公交车是汽车运输服务的重要组成部分。城市公交车辆电气设备是城市公交车辆重要组成部分之一，汽车电气设备一直在汽车上发挥着重要作用，汽车动力性、经济性、安全性、可靠性、使用性能等都直接受其性能的影响。例如各种指示仪表、信号装置和照明灯具等的正常工作可以反映汽车行驶的可靠性，安全性。

汽车电器设备主要由汽车电源、配电装置、用电设备等三大部分组成，见表 1-1-1。

表 1-1-1　城市公交车辆电气设备组成

名称	主要部件
汽车电源	蓄电池、发电机、调节器等
配电装置	中央接线盒、保险装置、继电器、电线束及插接件、电路开关等
用电设备	起动系、点火系、照明系、信号装置、仪表及报警装置、辅助电器、汽车电子控制系统等

（一）电　源

城市公交车辆电源包括蓄电池、发电机及调节器，如图 1-1-1 所示。发动机不工作时由蓄电池给车辆供电，发动机起动后带动发电机工作，转由发电机供电，同时也给蓄电池充电。调节器的作用是在发电机工作时保持其输出电压的稳定。

（a）蓄电池

（b）发电机

（c）调节器

图 1-1-1　城市公交车辆电源

（二）配电装置

城市公交车辆配电装置主要包括中央接线盒、保险装置、继电器、电线束及插接件、电路开关等，使全车电路构成一个完整的系统。现代城市公交车辆通常将电子控制系统与机械装置相结合，形成机电一体化工作系统。

（三）用电设备

1. 起动系

城市公交车辆起动系包括起动机及其控制电路，如图 1-1-2 所示。其主要作用是带动发动机曲轴旋转，起动发动机。

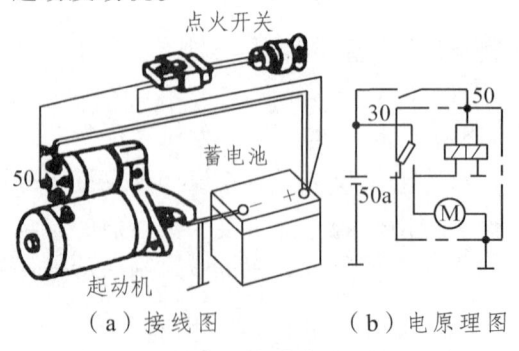

（a）接线图　　（b）电原理图

图 1-1-2　城市公交车辆起动系电路

2. 点火系

城市公交车辆点火系主要由点火器、点火线圈、分电器总成、火花塞等组成，如图 1-1-3 所示。其主要作用产生电火花，点燃汽油机气缸中的可燃混合气。

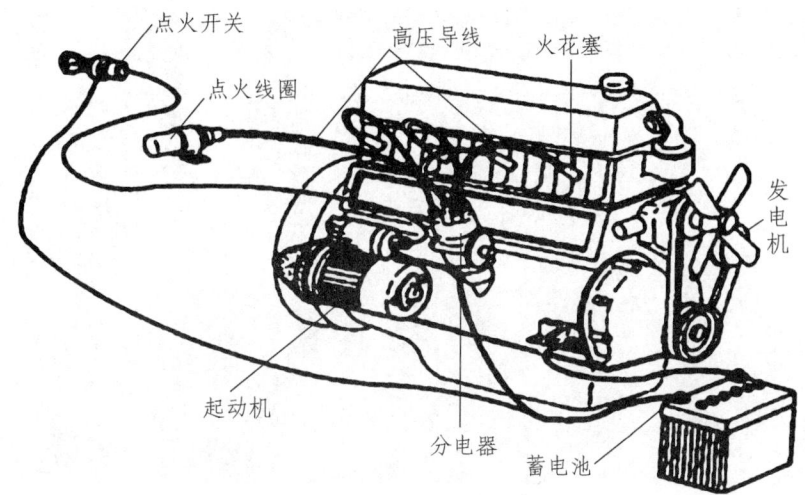

图 1-1-3　点火系

3. 照明系

城市公交车辆照明系包括车外和车内的照明灯具，用以提供车辆夜间安全行驶必要的照明，如图 1-1-4 所示。

图 1-1-4　照明系

4. 信号装置

信号装置包括音响信号和灯光信号两类，用以提供安全行车所必需的信号。

5. 仪表及报警装置

仪表及报警装置包括车速里程表、发动机转速表、冷却液温度表、燃油表、电压

（电流）表、机油压力表、气压表及各种报警灯等，如图1-1-5所示。驾驶员能通过仪表及报警装置，监测发动机及车辆的工作情况，及时发现发动机及车辆运行的各种参数及异常情况，确保车辆的正常运行。

图1-1-5　仪表及报警装置

6. 辅助电器

辅助电器包括电动风窗刮水器、风窗洗涤器、空调器、低温起动预热装置、音响、点烟器、座椅电动调节器、防盗装置等。辅助电器设备有日益增多的趋势，主要向舒适、娱乐、保障安全等方面发展。车辆的豪华程度越高，辅助电器设备就越多。

7. 车辆电子控制系统

车辆电子控制系统包括电子燃油喷射系统、电控点火系统、电控自动变速器、防抱死制动装置、电控悬架系统、自动空调等。利用计算机控制各个系统，使车辆上的各个系统均处于最佳工作状态，达到提高车辆动力性、经济性、安全性、舒适性，降低车辆排放污染的目的。

二、车辆电气设备的特点

车辆电气设备与普通的电气设备相比有如下特点：

1. 采用双电源

蓄电池和发电机是车辆电气系统中的两个电源，它们互相配合，协同工作。如在发电机损坏，不再发电的极端条件下，光靠蓄电池供电，车辆也能行驶一定的里程。

2. 采用直流供电

现代汽车发动机是靠电力起动机起动的，起动机由蓄电池供电，而蓄电池放电后必须用直流电源对其充电，所以车辆电气系统为直流系统。同时，车上的发电机也必须输出直流电。

3. 采用低压电源

车辆电源的额定电压有 12 V 和 24 V 两种,目前汽油车上普遍采用 12 V 电源,重型柴油车多采用 24 V 系统。

4. 采用单线制

单线制也称单线连接,是车辆电气的突出特点之一,它是指车辆上所有电气设备的正极均采用导线相互连接,而负极则直接或间接通过导线与金属车架或车身的金属部分相连。由于单线制导线用量少、线路清晰、接线方便,因此被广泛应用于现代汽车上。

5. 采用负极搭铁

采用单线制时,电源的一极和用电设备的一端要与金属机体相连,这样的连接称为搭铁。对直流电系统来说,从原理的角度,电源的正极或者负极均可作为搭铁极,但按照国际通行的做法,车辆电源规定为负极搭铁。

6. 采用并联连接

各用电设备均采用并联连接,即所有用电设备之间都是正极接正极、负极接负极。这样可使汽车在使用中,当某一支路用电设备损坏时,并不影响其他支路用电设备的正常工作。

7. 设有保险装置

为了防止因电源短路或电路过载而损坏设备,电路中一般设有保护装置,如熔断器(短路保护)、易熔线(过载保护)等。

8. 导线颜色和编号特征

为了便于区别各电路的连接,车辆所有低压线必须选用不同颜色的单色或双色线,并在每根线上编号,编号由生产厂家统一编制。

三、城市公交车用蓄电池的作用及工作原理

(一)城市公交车用蓄电池的作用

城市公交车用蓄电池是一种储能装置,如图 1-1-6 所示。它属于低压直流电源,它不是直接储存电能,而是利用外部的电能使内部活性物质再生,把电能储存为化学能,当蓄电池连接外部电路时,化学能再转换为电能输出。蓄电池是目前世界上广泛使用的一种化学"电源",具有电压稳定、安全可靠、价格低廉、适用范围广和回收再生利用率高等优点。

图 1-1-6　城市公交车用蓄电池

蓄电池作为车辆上的两个电源之一，在车上与发电机并联，如图 1-1-7 所示，其主要作用有：

（1）起动发动机时，向起动系、点火系、收音机、点烟器以及常用灯光等供电。

（2）当发动机低速运转，发电机电压低于蓄电池的充电电压时，由蓄电池向用电设备供电。

（3）储蓄电能：当发动机中高速运转，发电机电压高于蓄电池的充电电压时，蓄电池将发电机的剩余电能储存起来。

（4）过载返回送电：当发电机过载时，蓄电池协助发电机向用电设备供电。

（5）电容器功能：蓄电池还可以吸收电路中的瞬时过电压，保持车辆电器系统电压的稳定，保护电子元件。

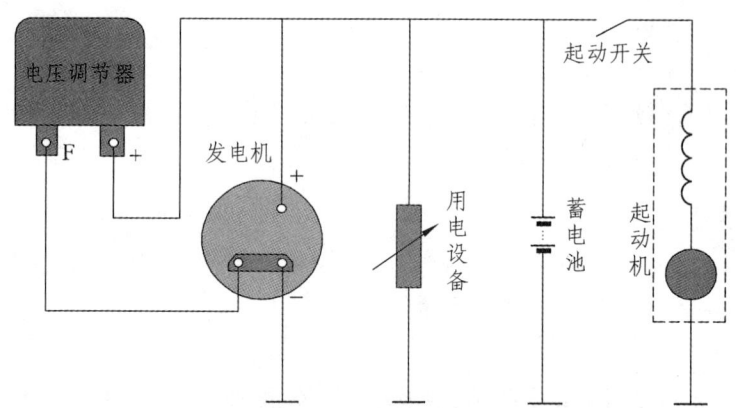

图 1-1-7　蓄电池作用电路图

车辆用蓄电池最基本的功能是必须能够满足起动发动机的需要，即在短时间内（一般为 5~10 s），可供给起动机以强大的电流（一般为 200~800 A，有些柴油机可达 1 500 A），故对车用蓄电池的基本要求是：容量大、内阻小、有足够的起动能力和连续供电能力。

（二）城市公交车用蓄电池的工作原理

城市公交车用蓄电池的工作原理就是化学能和电能相互转化的过程，分为充电和放电两个过程。

1. 蓄电池放电原理

当铅蓄电池的正、负极板浸入电解液中时,在正、负极板间就会产生约 2.1 V 的静止电动势。此时若接入负载,在电动势的作用下,电流就会从蓄电池的正极经外电路流向蓄电池的负极,将蓄电池的化学能转换成电能,这一过程称为放电过程。在放电过程中,正极板上的 PbO_2 和负极板上的 Pb 都变成了 $PbSO_4$,电解液中的硫酸变成了水,电解液中的硫酸减少、相对密度减小,如图 1-1-8 所示。

$$放电过程：PbO_2+Pb+H_2SO_4 \xrightarrow{放电} PbSO_4+H_2O$$

图 1-1-8　蓄电池放电过程

2. 蓄电池充电原理

蓄电池的正、负极分别与直流电源的正、负极相连,当充电电源的端电压高于蓄电池的电动势时,在电场的作用下,电流从蓄电池的正极流入,负极流出将电能转换成蓄电池化学能,这一过程称为充电过程。充电时正极板上的 $PbSO_4$ 分别恢复成原来的 PbO_2 和 Pb,电解液中的水变成了硫酸,电解液中硫酸增加、相对密度增大,如图 1-1-9 所示。

$$充电过程：PbSO_4+H_2O \xrightarrow{充电} PbO_2+Pb+H_2SO_4$$

图 1-1-9　蓄电池充电过程

四、城市公交车用蓄电池的种类与结构组成

(一)城市公交车用蓄电池的种类

蓄电池的种类很多,目前城市公交车辆使用的蓄电池主要有两大类:铅酸蓄电池(简称铅蓄电池)和镍碱蓄电池,其结构特点见表 1-1-2。

表 1-1-2　蓄电池的类型与特点

类型	优点	缺点	适用车辆
铅酸蓄电池	结构简单,价格便宜,内阻小,电压稳定,可以在短时间内向起动机代供给强大的起动电流	比容量小,使用寿命相对较短	一般车辆
镍碱蓄电池	容量大;使用寿命长;维护简单;能承受大电流放电而不易损坏	活性物质导电性差,价格较高	使用时间长、可靠性高的车辆
纯电动汽车蓄电池	比容量大,无污染,充、放电性能好,使用寿命长	结构复杂,成本高	纯电动汽车

铅蓄电池由于结构简单、价格便宜、内阻小、可以在短时间内向起动机供给强大的起动电流而被广泛采用。铅蓄电池又可以分为普通铅蓄电池、干荷电铅蓄电池、湿

荷电铅蓄电池和免维护铅蓄电池。各种铅蓄电池的特点见表 1-1-3。

表 1-1-3　各铅酸蓄电池的特点

类型	特点
普通铅蓄电池	新蓄电池的极板不带电,使用前需按规定加注电解液并进行初充电,初充电的时间较长,使用中需要定期维护
干荷电铅蓄电池	新蓄电池的极板处于干燥的已充电状态,电池内部无电解液。在规定的保存期内,如需使用,只需按规定加入电解液,静置 20~30 min 即可使用,使用中需要定期维护
湿荷电铅蓄电池	新蓄电池的极板处于已充电状态,蓄电池内部带有少量电解液。在规定的保存期内,如需使用,只需按规定加入电解液,静置 20~30 min 即可使用,使用中需要定期维护
免维护蓄电池	使用中不需维护,可用 3~4 年不需补加蒸馏水,极桩腐蚀极少,自放电少

（二）城市公交车用蓄电池的型号

按原机械工业部 JB2599—1985《铅蓄电池产品型号编制方法》标准规定,铅蓄电池的型号分为三部分,见表 1-1-4。

表 1-1-4　铅酸蓄电池型号编制

第一部分	第二部分		第三部分	
串联单格电池数	蓄电池类型	蓄电池特征	蓄电池额定容量	蓄电池特殊性能
用阿拉伯数字表示	采用其用途加以划分,用大写的汉语拼音字母表示,如: Q—起动用铅蓄电池; N—内燃机车用蓄电池; M—摩托车用蓄电池	用大写的汉语拼音字母表示,如: A—干荷电铅蓄电池; H—湿荷电铅蓄电池; W—免维护铅蓄电池; B—薄型极板; 无字母—普通铅蓄电池	20 h 率放电率的额定容量,单位为 A·h,单位略去不写	用大写的汉语拼音字母表示,如: G—高起动率; D—低温性能好; S—塑料槽蓄电池

蓄电池的特殊性能部分,置于型号的末尾。如"G"表示薄型极板的高起动率蓄电池,"S"表示采用工程塑料外壳、电池盖及热封工艺的蓄电池。例如:

6-QA-60:6 个单格电池组成,额定电压为 12 V、额定容量 60 A·h 的起动型干荷电铅蓄电池;

6-QAW-60:6 个单格电池组成,额定电压为 12 V、额定容量为 60 A·h 的起动型干荷电免维护蓄电池。

（三）城市公交车用蓄电池的结构组成

城市公交车用蓄电池主要由正（PbO_2）、负极板（Pb），电解液（H_2SO_4），壳体等组成，如图 1-1-10 所示。

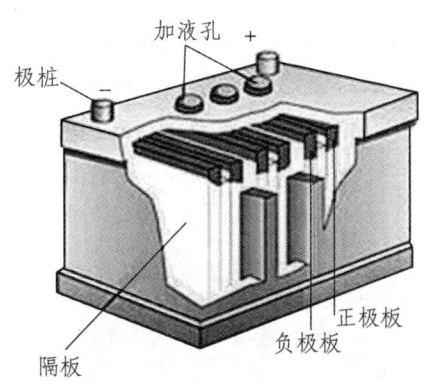

图 1-1-10　城市公交车用蓄电池的结构组成

1. 极　板

极板是蓄电池的核心部分，如图 1-1-11 所示。在蓄电池充放电过程中，电能与化学能的相互转换依靠极板上的活性物质与电解液中硫酸的化学反应来实现。极板分正、负极板两种，中间采用隔板分开，防止两极板短路。正极板主要物质为 PbO_2，呈深棕色，负极板主要物质为 Pb，呈青灰色。由于正极板活性物质比较疏松，且正极板处的化学反应比负极板上的化学反应剧烈，反应前后活性物质体积变化较大，为防止因正极板拱曲和活性物质脱落，在每个单格电池中，负极板的片数总比正极板多一片。国产负极板的厚度为 1.8 mm，正极板的厚度为 2.2 mm。为有效容纳活性物质，使极板成型，通常采用栅架。极板一般由铅锑合金浇铸而成。

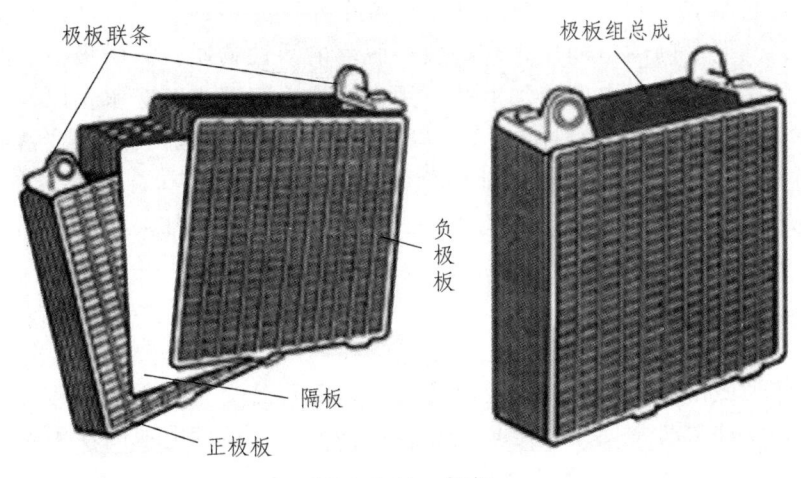

图 1-1-11　极板

2. 电解液

电解液一般由密度为 1.84 g/cm³ 的专用硫酸和蒸馏水按一定比例配制而成，它是蓄电池发生化学反应的主要物质，为电化学反应提供必要的离子。电解液的配制应严格选用符合 GB4554—1984 标准规定的二级专用硫酸和蒸馏水。且配置时，一定要把浓硫酸缓慢倒入蒸馏水中，并不断地搅拌。

电解液的密度一般为 1.24～1.33 g/cm³，电解液相对密度值，随温度的变化而变化，一般温度每升高 1 ℃，相对密度变化值为 0.000 7 g/cm³。电解液密度过低，冬季易结冰；电解液密度过大，电解液黏度增加，蓄电池的内阻增加，而加速隔板、极板的腐蚀，使其使用寿命缩短，故应根据本地区气候条件和制造厂的要求合理选用，见表 1-1-5。

表 1-1-5　电解液密度选用的地区差异性

气候条件	全充电 15 ℃ 时的密度（g/cm³）	
	冬季	夏季
冬季温度低于 -40 ℃ 地区	1.310	1.250
冬季温度高于 -40 ℃ 地区	1.290	1.250
冬季温度高于 -30 ℃ 地区	1.280	1.250
冬季温度高于 -20 ℃ 地区	1.270	1.240
冬季温度高于 0 ℃ 地区	1.240	1.240

3. 壳　体

壳体主要用于盛放电解液和极板组，由耐酸、耐热、耐震、绝缘性好并且有一定力学性能的材料制成。间壁将其分为 3 个或 6 个相互分离的单格，底部有凸起的筋条支撑极板组，凸筋之间的空间用来容纳极板脱落的活性物质，以防极板短路。普通蓄电池每单格的中间有一个电解液加液孔，用于添加电解液和蒸馏水，以及测量电解液密度、温度和液面高度。平时拧装一个螺塞，螺塞上有一个通气小孔，蓄电池使用时应保持其畅通，以便随时排出蓄电池内化学反应放出的氢气（H_2）和氧气（O_2），防止外壳胀裂和发生事故。目前，广泛使用的各型号蓄电池大都采用聚丙烯塑料壳体。

五、蓄电池的使用与维护

蓄电池作为城市公交车辆的主要电源之一，随着公交车的不间断运行，它的负荷也在不断增加。如果日常使用和维护得当，就会大大延长蓄电池的使用寿命，反之则很容易造成蓄电池"短命"，不仅增加公交车企的运营成本还容易污染环境。

（一）蓄电池的选用

城市公交车辆在选用蓄电池时，一般选择与原车电池容量相同的蓄电池。蓄电池容量偏小，蓄电池在剧烈放电的情况下，会加速单位时间内活性物质与硫酸的反应，使蓄电池温度升高，极板因过负荷而弯曲，造成活性物质大量脱落，极板过早地损坏，使蓄电池寿命大大缩短，严重时无法起动。蓄电池容量偏大，不能充分利用活性物质，使蓄电池经济性下降。当车上另外增加额外的电器设施，或车辆用电器较多时选用较大容量的电池是比较合理的。如需用较大的外型尺寸电池，应检查压紧装置有无足够的空间，能否压紧；检查垂直高度以免车盖盖下时过于靠近电池。

（二）城市公交车辆蓄电池的使用

（1）使用城市公交车辆蓄电池时应注意大电流放电时间不宜过长，利用蓄电池起动发动机时，每次时间应不大于 5 s。相邻两次起动时间应间隔 15 s 以上。

（2）城市公交车辆蓄电池充电电压不宜过高。实验数据表明，当应充电电压增高 10%～12%时，蓄电池寿命就会缩短 2/3 左右。

（3）尽量避免蓄电池过度放电和长期处于亏电状态下工作，放完电的蓄电池应在 24 h 内进行充电。

（4）注意季节性变化对蓄电池使用性能的影响。冬季使用蓄电池，要特别注意保持蓄电池处于充足电状态，以免电解液密度降低而结冰。冷起动前，注意预热发动机。

（三）城市公交车辆蓄电池的维护

（1）定期检查蓄电池在车上安装是否牢固，线夹与极柱的连接是否紧固。及时清除线夹和极柱上的氧化物，在其上面涂凡士林或黄油可以防止氧化。

（2）要保持蓄电池外部的清洁，经常清除蓄电池上的灰尘、泥土和极柱以及导线接头上的氧化物，擦去电池上部和外表面的电解液和污物。

（3）定期检查和调整各单格电池内电解液的密度和液面高度。

（4）经常检查蓄电池的放电程度。如放电程度冬季超过 25%，夏季超过 50%，要立即进行补充充电。

（5）定期对蓄电池进行补充充电，以保证蓄电池始终处于充足电状态，避免极板硫化。

（6）连接蓄电池，要细心查明极性，不能接错。

（7）脱开蓄电池，要始终先拆负极（搭铁）电缆。

（8）千万不要把工具放在蓄电池上，它们可能同时触及两个极柱，使蓄电池短路而引发事故。

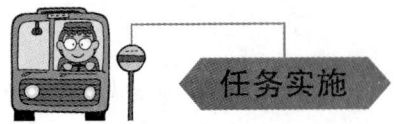

一、实施项目

蓄电池的保养与维护。

二、实施准备

（1）根据工位数量将学生分组，每小组6人分工协作操作。
（2）做好车辆安全防护工作，对完工车辆进行检验，并做好现场5S工作。
（3）操作设备及资料清单，见表1-1-6。

表1-1-6 操作设备及资料清单

序号	名称	型号	数量
1	城市公交车用蓄电池	6-QA-150	6
2	电压表	UT980C	6

三、实施过程

（一）清洁蓄电池

（1）保持蓄电池表面清洁。发现表面有灰尘和酸液时，应及时擦拭，擦拭时可先用浸有苏打水的抹布擦拭一遍，后用清水冲洗干净。
（2）用蒸馏水清洗排气栓，保持通气性良好。
（3）检查连接条、极柱及输出连线的接触情况和牢固程度，彻底清除金属部位（如接线端子）的氧化物和锈蚀，更换金属部位的凡士林油。

（二）更换蓄电池

（1）依次拆卸蓄电池负极接线、正极接线。
（2）拆卸蓄电池压紧夹持器螺栓，然后拆卸蓄电池夹持器及蓄电池，在拆卸蓄电池时，蓄电池的倾斜角度不能超过40°。
（3）安装蓄电池时，将蓄电池安装到蓄电池托架上，安装蓄电池压紧夹持器，紧固夹持器螺栓。
（4）将汽车的正负极接线分别连接到蓄电池正负端子上，紧固正负极接线端子螺栓。最后，给正负极接线端子涂抹凡士林或黄油，用以保护正负极接线端子。

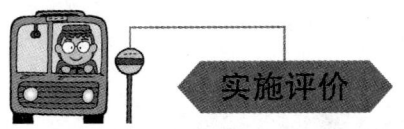

任务实施评价见表1-1-7。

表1-1-7 任务实施评价表

检验项目	评价标准	评价方式			得分
蓄电池维护与更换流程图是否完成	根据需要进行验证（40%）	自评	互评	教师评价	
维护与更换计划是否合理	按照计划顺利检测电压及电阻（20%）				
维护与更换过程	操作的过程规范、流程清晰（20%）				
现场5S工作情况	工具整理、现场清扫等（20%）				

（1）蓄电池充、放电时其化学反应方程式是什么？
（2）简述各类型蓄电池其各自的特点。
（3）蓄电池电解液浓度变化对蓄电池会造成哪些影响？

任务二 城市公交车辆发电机结构认知

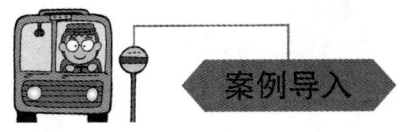

城市公交车起动时，仪表盘上的红色电瓶形状指示灯一般只在开启钥匙时会亮起，如图1-2-1所示，这表示车辆是由电瓶供电的，而发动机起动后，供电工作交给了发电机，它同时为电瓶充电，这时电瓶指示灯熄灭。如果在车辆行驶中或发动机运转时此灯亮起，

表示车辆的发电机存在故障或电瓶本身出现问题。碰到这类情况后该如何分析？如何准确快捷地找到故障点呢？

图 1-2-1　红色电瓶形状指示灯

发动机运行时，发电机为车辆上的点火系、燃油喷射系统、照明系、ECU 等用电设备系统提供电能。目前，城市公交车辆广泛采用交流发电机，如图 1-2-2 所示。交流发电机具有体积小，重量轻，结构简单，维护方便，使用寿命长和低速充电性能好等优点。交流发电机必须配装电压调节器，控制发电机的输出电压，使其保持基本恒定，以满足用电器的需求。

图 1-2-2　城市公交车辆交流发电机

一、交流发电机的功用与工作原理

（一）交流发电机的功用

交流发电机的功用是当发动机所需电压高于蓄电池的电压时，能及时向蓄电池充电，并向全车除起动机外的所有用电设备直接供电。发电机是车辆上的主要电源，它与蓄电池并联，由车辆发动机驱动。

（二）对交流发电机的要求

发电机的形式和结构取决于车辆电气设备和蓄电池充电所需的电能，它必须能够满足以下要求，以保证给蓄电池充电和为车辆用电设备供应电能。

（1）所有连接的负载要用直流电；

（2）即使全部的永久性负载都接通，也需要有足够电力为蓄电池快速充电，并维持充电状态；

（3）要尽量在发电机的某个转速范围内保持输出电压恒定；

（4）质量要轻、结构紧凑、噪声低、效率高、寿命长；

（5）发电机要保持牢固，能承受外来的如振动、高温、剧烈温度变化、污垢、潮湿等各种变化。

（三）交流发电机的工作原理

1. 发电原理

交流发电机产生交流电的基本原理是电磁感应原理，如图 1-2-3 所示。发电机的三相定子绕组按一定规律分布在发电机的定子槽中，彼此相差 120°电角度，且匝数相等。三相绕组的末端连在一起，成星形连接。

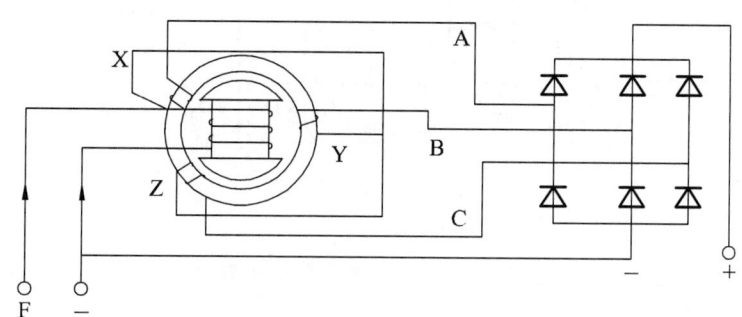

图 1-2-3　交流发电机的工作原理

当磁场绕组接通直流电时，产生了磁场，使转子轴上的两块爪形磁极磁化，一块为 N 极，一块为 S 极。磁路是：转子的 N 极→气隙（转子与定子之间）→定子铁芯→气隙→转子的 S 极。发电机转子由发动机通过传动带驱动旋转。根据电磁感应原理，当转子旋转时，磁感线与定子绕组之间产生相对运动，在定子绕组中就产生交流电动势。因为定子绕组是由三相绕组组成的，因而在三相绕组中产生频率相同、幅值相等、相位互差120°的交流电动势。交流发电机每相绕组的电动势有效值 E 与转子转速 n 及磁极磁通量 Φ 成正比，即

$$E=Cn\Phi$$

式中　E ——每相绕组中电动势的有效值，V；
　　　C ——发电机结构常数；
　　　n ——发电机转子转速，r/min；
　　　Φ ——磁极磁通量，Wb。

2．整流原理

硅整流器是利用二极管的单向导电性，将发电机的交流电转换为直流电输出。

（1）六管交流发电机整流工作原理

硅整流器一般用六只硅二极管组成三相全波整流电路，如图 1-2-4 所示。三相桥式全波整流电路中，三个正极二极管 VD_1、VD_2、VD_3 的负极（外壳）通过散热板连接在一起，它们的正极则分别与三相绕组的首端相连，这三只二极管的导通条件是：在某一瞬间，哪一相的电压最高（相对其他两相而言），则该相的二极管导通。三个负极二极管 VD_4、VD_5、VD_6 的负极也与三相绕组的首端相连，其正极（外壳）通过散热板或后端盖连接在一起，这三只二极管的导通条件是：在某瞬间，哪一相的电压最低（相对其他两相而言），则该相的二极管导通。

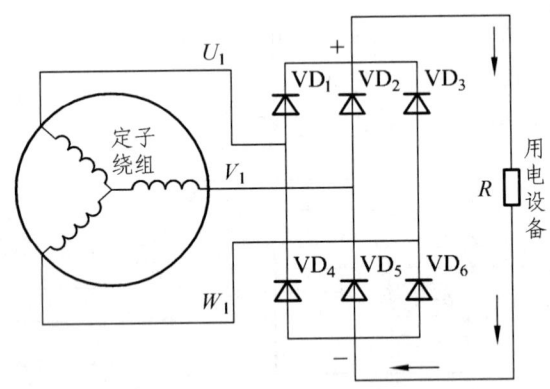

图 1-2-4　三相全波整流电路

在交流发电机运转过程的每一个时间区间，总有一相电压最高，一相电压最低，整流器的六只二极管中，始终保持有一对二极管导通（一个正极管、一个负极管），负载 R 两端得到的是两相间的线电压。依此类推，周而复始，六只二极管中一对一对地轮流导通，就在负载 R 上得到一个较平稳的脉动直流电压，每个周期内有六个波形，如图 1-2-5 所示。

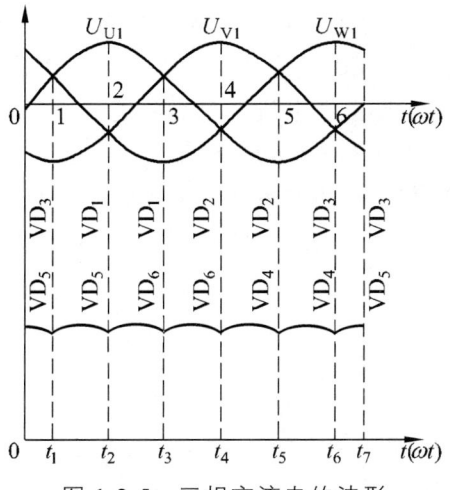

图 1-2-5 三相交流电的波形

在三相桥式整流电路中，三只正极管和三只负极管都是轮流工作，所以流过每只二极管的平均电流 I_D 仅为负载电流 I_f 的 1/3。

有些交流发电机带有中心抽头，它是从三相绕组的中性点引出来的，其接线柱标记为"N"。中性点对外壳（搭铁）之间的电压称为中性点电压。它等于发电机输出电压的一半。中性点电压用途很多，常用于控制各种继电器和充电指示灯等。

（2）九管交流发电机整流电路

在有些交流发电机中，在普通交流发电机用来整流的六只二极管的基础上，多装了三个功率较小的二极管，组成九管交流发电机。三个功率较小的二极管专门用来供给磁场电流，所以又叫磁场二极管，其整流电路如图 1-2-6 所示。

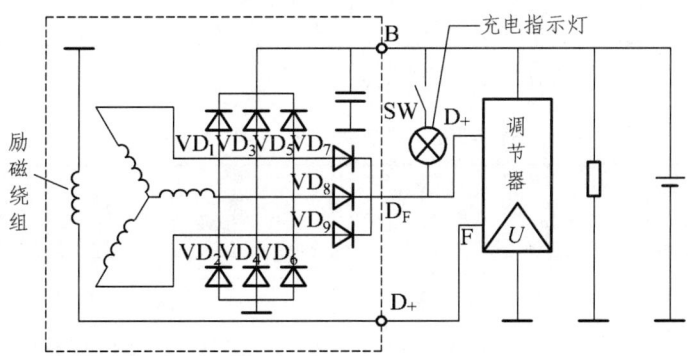

图 1-2-6 九管交流发电机整流电路

磁场二极管能输出与发电机电枢接线柱相等的电压，它既能供给发电机励磁电流，还能控制充电指示灯，其工作情况如下：

接通点火开关 SW，蓄电池电流经点火开关 SW→充电指示灯→调节器→发电机励磁绕组→搭铁构成回路。此时充电指示灯发亮，指示励磁电路接通并由蓄电池供电。

在发动机起动后，随着发电机转速的升高，发电机 D+端电压随之升高，充电指示灯两端的电位差降低，指示灯亮度减弱。当发电机电压升高到蓄电池充电电压时，发电机"B""D+"端电位相等，此时充电指示灯两端电位差降低到零，指示灯熄灭，指示发电机已正常工作，励磁电流由发电机自身经磁场二极管和负极二极管整流后供给。

当发电机转速降低时，"D+"端电位降低，充电指示灯两端的电位差增大，指示灯逐渐变亮，指示放电。当发电机高速运转充电系统发生故障而导致发电机不发电时，由于"D+"端无电压输出，因此充电指示灯两端电位差增大，指示灯发亮，警告驾驶员应及时停车排除故障。

二、交流发电机的型号与组成

（一）交流发电机型号

根据行业标准QC/T73—1993《汽车电器设备产品型号编制方法》的规定，发电机的型号由五部分组成：

| 1 | 2 | 3 | 4 | 5 |

1—产品代号，主要有4种：JF—交流发电机；JFZ—整体式交流发电机；JFB—带泵型交流发电机；JFW—无刷交流发电机。
2—分类代号，是电压等级代号，"1"发电机标称电压为12 V；"2"发电机标称电压为24 V。
3—分组代号，是功率等级代号，用一位阿拉伯数字表示，见表1-2-1。
4—设计序号，按产品设计先后顺序，由1~2位阿拉伯数字组成。
5—变形代号，以调整臂位置确定变形代号，从驱动端看，调整臂在中间位置不作标注，在右侧时用"Y"表示，在左侧时用"Z"表示。

表1-2-1 交流发电机分组代号

产品代号 产品名称	1	2	3	5	7	8	9
交流发电机	180 W	>180 W ≤250 W	>250 W ≤350 W	>350 W ≤500 W	>500 W ≤750 W	>750 W ≤1 000 W	>1 000 W
整体式交流发电机							
带泵交流发电机							
无刷交流发电机							

（二）交流发电机的组成

普通硅整流发电机主要由转子、定子、整流器、前后端盖及电刷、风扇、皮带轮等组成，如图1-2-7所示。

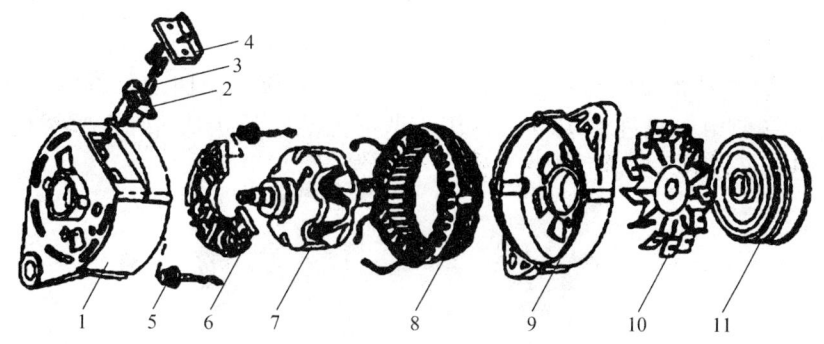

图 1-2-7　交流发电机的组成

1—后端盖；2—电刷架；3—电刷；4—电刷弹簧压盖；5—硅二极管；6—元件板；
7—转子；8—定子；9—前端盖；10—风扇；11—带轮

1. 转　子

转子的功用是产生磁场，主要由两块爪极、磁场绕组、转子轴和滑环等组成，如图 1-2-8 所示。

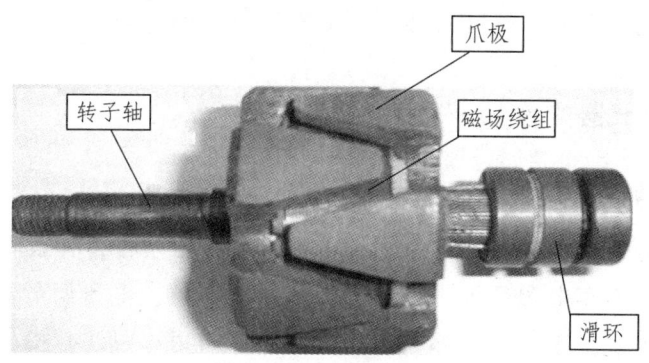

图 1-2-8　转子

2. 定子总成

定子是产生和输出交流电的部件，又叫电枢，如图 1-2-9 所示，由定子铁芯和定子绕组组成。定子铁芯由相互绝缘的内圆带槽的环状硅钢片叠成。定子槽内置有三相对称绕组。三相绕组的连接有星形接法和三角形接法两种，工作时在其中产生三相交流电。当采用星形接法时，三相绕组的三个末端连接在一起，称为中性点，三个始端作为交流发电机的输出端。

（a）定子绕组

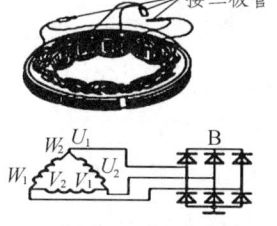

（b）三角形连接

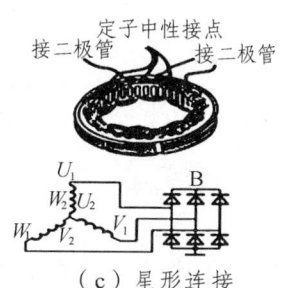

（c）星形连接

图 1-2-9　定子及其绕组形式

3. 整流器

整流器的作用是将发电机定子绕组产生的三相交流电变换为直流电，如图 1-2-10 所示。整流器一般由 6 只硅整流二极管压入两层散热板所组成，两层散热板之间绝缘。

图 1-2-10　整流器

4. 前后端盖及电刷组件

交流发电机的前后端盖起着固定转子、定子、整流器和电刷组件的作用。

电刷组件包括：电刷、电刷架和电刷弹簧。电刷架有外装式与内装式两种形式。

三、电压调节器的作用与工作原理

（一）电压调节器的作用

为有效保证发电机给城市公交车用蓄电池正常充电，保证车载用电设备工作电压正常，现代城市公交车电源系统都需要安装电压调节器。电压调节器的作用是使交流发电机输出电压恒定，保证向车辆上的用电设备供给恒定电压。电压调节器具有体积小、工作频率高、调节效果好、可靠性高、使用寿命长等特点，如图 1-2-11 所示。

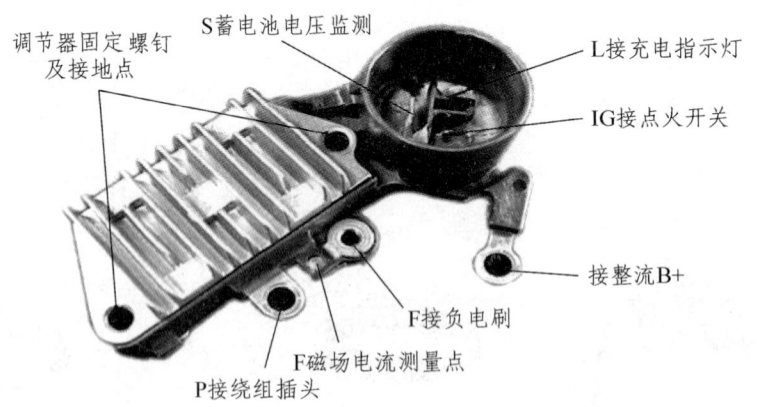

图 1-2-11　电压调节器

电压调节器主要有电磁振动式电压调节器与电子式电压调节器两种类型。目前，广泛采用电子式集成电路调节器，其体积小、质量轻、性能可靠、使用寿命更长。

（二）电压调节器的工作原理

电子式晶体管电压调节器是利用晶体三极管的开关作用，控制发电机磁场电路的通、断，来调节磁场的强弱，使端电压保持不变。起工作原理如图 1-2-12 所示。

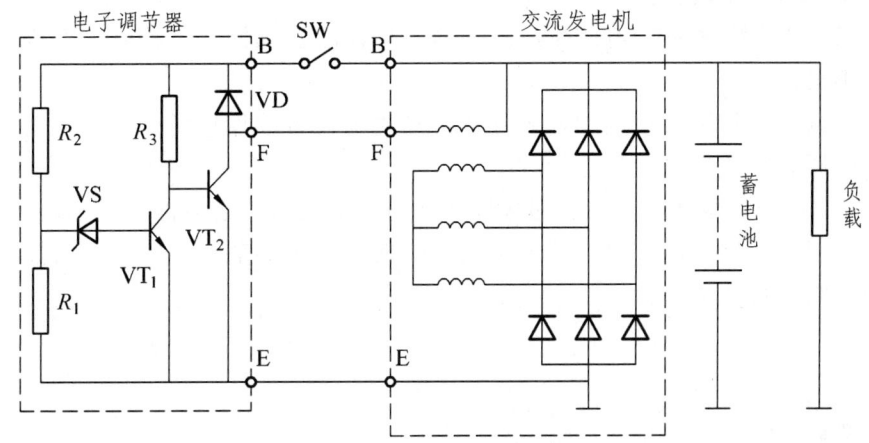

图 1-2-12　电子式晶体管电压调节器工作原理

电子式晶体管电压调节器通常由功率开关三极管、信号放大控制电路以及电压信号检测电路等三部分电路组成。

当合上点火开关 SW 后，发动机不转，发电机不发电。蓄电池电压便加在分压器 R_1、R_2 两端，此时因 U_{R1} 较低不能稳压管 VS 反向击穿，VT_1 截止，使得 VT_2 导通，发电机磁场电路接通，此时由蓄电池供给磁场电流。随着发动机的起动，发电机转速升高，发电机他励发电，电压上升。

当发电机电压升高到大于蓄电池电压时，发电机自励发电并开始对蓄电池充电，如果此时发电机输出电压 U_B<调节器调节电压的上限 U_{B2}，VT_1 继续截止，VT_2 继续导通，但此时的磁场电流由发电机供给，发动机进入自励工作，电压随转速升高迅速升高。

当发电机电压升高到等于调节电压上限 U_{B2} 时，调节器对电压的调节开始。此时 VS 导通，VT_1 导通，VT_2 截止，发电机磁场电路被切断，由于磁场被断路，磁通下降，发电机输出电压下降。

当发电机电压下降到等于调节下限 U_{B1} 时，VS 截止，VT_1 截止，VT_2 重新导通，磁场电路重新被接通，发电机电压上升。

如此周而复始，发电机输出电压 U_B 被控制在一定范围内。

电子式电压调节器在选用时应使用汽车说明书中指定的调节器，若采用其他型号的调节器代替，除标称电压等规定参数与原调节器相同外，搭铁形式也应相同，否则发电机可能由于励磁电路不同而不能正常工作。

四、城市公交车辆发电机的使用

城市公交车辆发电机在使用过程应注意以下几点：

（1）蓄电池极性必须正确连接，负极搭铁，不得接反，否则蓄电池将通过整流二极管短路放电，烧坏整流二极管。

（2）发电机工作时，不允许用试火的方法检查发电机的火线接线柱是否发电，否则将损坏发电机的整流器。

（3）当发现发电机不发电或发电量小时，应及时送到修理厂检修，否则易导致蓄电池充电不足。

（4）发电机正常工作时，切不可任意拆动用电设备的连接线，以防止引起电路中的瞬时过电压，损坏电子元件。

（5）发动机自行熄火时，应及时关闭点火开关，以防止蓄电池通过励磁电路放电。

（6）选用专用电压调节器，特殊情况临时使用代用调节器时，应严格按照电压调节器选用原则进行选用。

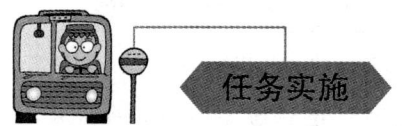

一、实施项目

发电机保养与维护。

二、实施准备

（1）根据工位数量将学生分组，每小组6人分工协作操作。

（2）做好车辆安全防护工作，对完工车辆进行检验，并做好现场5S工作。

（3）操作设备及资料清单，见表1-2-2。

表1-2-2 操作设备及资料清单

序号	名称	型号	数量
1	城市公交车用发电机		6
2	电压表	UT980C	6

三、实施过程

（一）发电机零部件的清洁

转子、定子线圈及电刷应使用干净的棉布，蘸少量汽油擦拭干净。金属件要用汽油洗净并擦干。

（二）发电机的维护

（1）适当调整发电机皮带的张紧度，根据需要再固定校准螺钉，发电机的脚架螺钉应保持一定的紧度。

（2）注意轴承的磨损程度，如果发现润滑不足，可从油杯口处滴上数滴机油，注意不能渗入整流器，否则将影响电能的传递效果。

（3）检查发电机防尘圈，保持其牢固，不应取掉不用，以防尘埃进入内部，造成机件故障。

（4）检查发电机的极柱，若有松动应马上紧固，如果是绝缘不良，应拆下进行修整。

（5）检查整流器积垢，可用细砂布磨光。

任务实施评价见表 1-2-3。

表 1-2-3　任务实施评价表

检验项目	评价标准	评价方式			得分
发电机维护与更换流程图是否完成	根据需要进行验证（40%）	自评	互评	教师评价	
维护与保养计划是否合理	按照计划顺利检测电压及电阻（20%）				
维护与保养过程	操作的过程规范、流程清晰（20%）				
现场 5S 工作情况	工具整理、现场清扫等（20%）				

（1）三相同步交流发电机的组成部件有哪些？

（2）转子和定子的作用分别是什么？

（3）简述电压调节器的工作过程。

项目二

城市公交车辆起动系统

任务一 城市公交车辆直流电动机结构与工作原理认知

驾驶员小王在公交车早班出车前起动发动机,发现车辆起动不了,经检查发现是起动机出现了故障,于是需要他对该问题进行简单分析并及时报修。

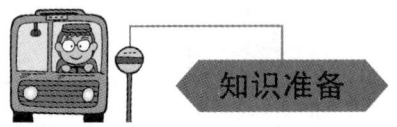

起动系统的作用是给城市公交车辆发动机提供起动转矩,使曲轴达到必须的起动转速,使发动机进入自行运转状态。城市公交车用发动机的起动方式有多种,目前广泛采用采用电动机起动。利用电动机作为机械动力,当将电动机轴上的齿轮与发动机飞轮周缘的齿圈啮合时,动力传递到飞轮和曲轴,使之旋转。

一、起动系统的组成与工作原理

(一)起动系统的组成

城市公交车辆汽车电力起动系主要由蓄电池、起动机、起动控制电路等组成,如图 2-1-1 所示。

项目二 城市公交车辆起动系统

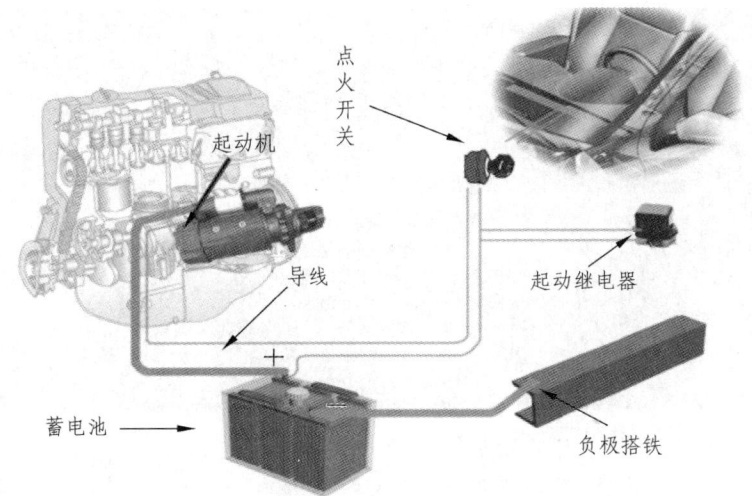

图 2-1-1 城市公交车辆起动系统的组成

蓄电池在起动过程中为起动系统、点火系统以及其他电器设备供电。

导线将蓄电池和其他电器设备连接起来，组成完整回路，一起为起动系提供电能。

起动机是起动系统的核心部分，它的作用是接通直流电动机电路，直流电动机将蓄电池电能转化为机械能，并通过驱动机构将机械能传递给发动机飞轮，使发动机开始运转。

起动继电器利用小电流电路控制大电流电路，保护起动开关和起动机。

点火开关是电源分配点，其一般有四个位置：

（1）LOCK 锁止挡：用机械方式锁住方向盘；

（2）ACC 附件挡：给汽车的电器附件供电（不包括起动和点火）；

（3）ON 点火挡：接通受点火开关控制的所有电；

（4）START 起动挡：接通点火和起动电路，可以起动发动机；

（5）OFF 关闭挡：切断所有受点火开关控制的电路。

为保证城市公交车辆的正常起动，提高发动机起动性能，对城市公交车辆起动系统有如下要求：

（1）起动机的齿轮与发动机的飞轮齿圈啮合要容易，尽量不发生冲击现象。

（2）发动机在工作中，起动机的小齿轮不能再进入啮合，防止发生冲击。

（3）发动机起动后，起动机的小齿轮应能自动打滑或脱离啮合，以免发动机起动后，飞轮带动起动机高速旋转，造成起动机的损坏。

（4）起动系统应结构简单、工作可靠。

（二）起动系统工作原理

城市公交车辆起动系统工作原理如图 2-1-2 所示。

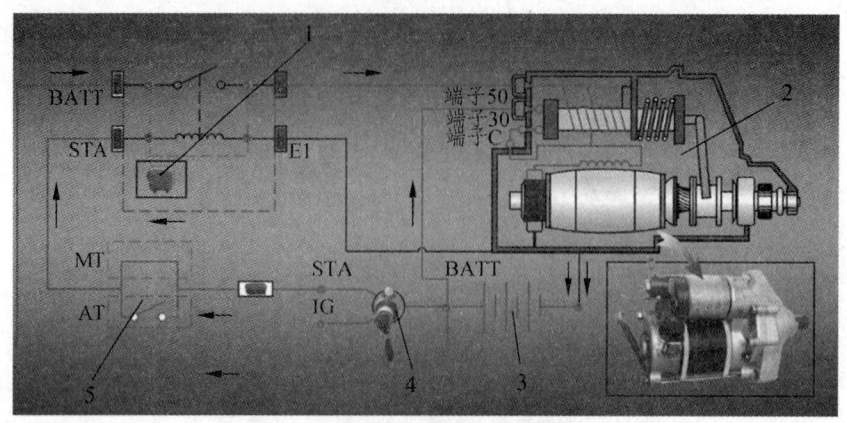

图 2-1-2　起动系统工作原理

1—起动复合继电器；2—起动机（带电磁开关）；3—蓄电池；4—点火开关；5—空挡起动开关

当发动机起动时，接通起动开关，起动机电路通电，起动继电器的吸引线圈和保持线圈通电，产生磁力，吸引铁芯移动，并带动驱动杠杆绕其销轴转动，使齿轮移出，与飞轮啮合。同时，由于吸引线圈的电流通过电动机的绕组，电枢开始转动，齿轮在旋转中移出。如果齿轮与飞轮齿端不能马上啮合，此时弹簧压缩，当齿轮转过一定角度后，齿轮与飞轮迅速啮合。当铁芯移动到使短路开关闭合的位置时候，短路线路接通，吸引线圈短路，失去作用，保持线圈所产生的磁力足以维持铁芯处于开关吸合的位置。在发动机起动后，驱动小齿轮和直流电动机之间通过离合器的作用切断动力传递，起动完毕后，驱动小齿轮与飞轮自动脱离，起动机保持静止状态。

二、起动机的结构组成

城市公交车辆用电力起动机主要由直流电动机、传动机构、控制结构构成，如图 2-1-3 所示。

图 2-1-3　城市公交车辆用电力起动机

（一）直流电动机

起动机的主要作用是将蓄电池输入的电能转换为机械能，产生电磁转矩，驱动发动机曲轴旋转。城市公交车辆用起动机广泛采用直流电动机,其特点是磁极多,磁场绕组横截面积大,有利于增大起动机的电磁转矩。

直流电动机主要由磁极、电枢、换向器、电刷等组成,如图 2-1-4 所示。

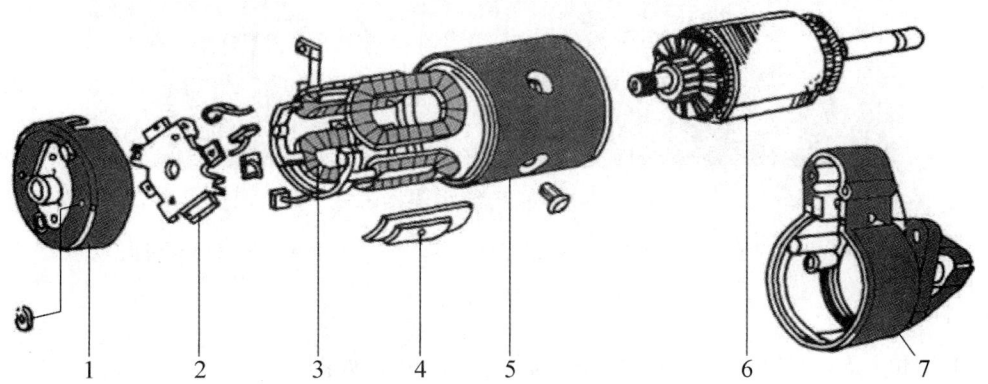

图 2-1-4 直流电动机的结构

1—端盖;2—电刷和刷架;3—磁场统组;4—磁极铁芯;5—机壳;6—电枢;7—后端盖

1. 磁 极

磁极的主要作用是产生磁场。直流电起动机的磁极主要由壳体、磁极、磁场线圈等部分组成,如图 2-1-5 所示,产生的磁场为电磁场。

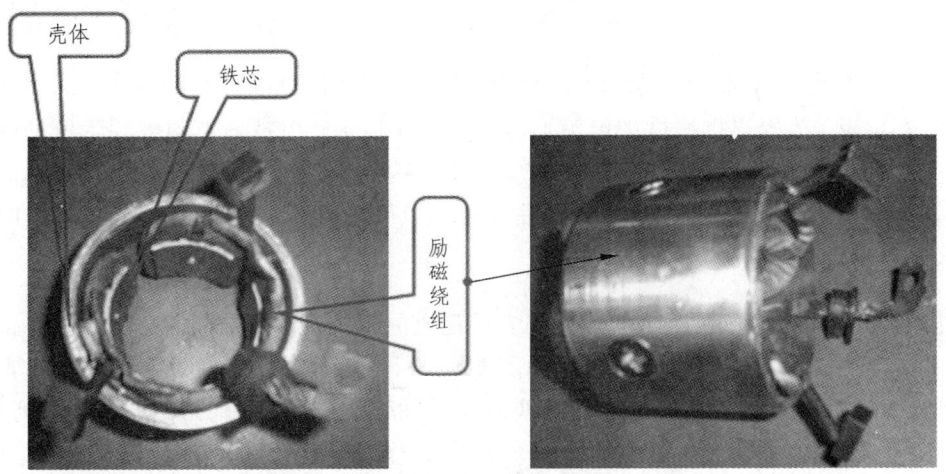

图 2-1-5 磁极的组成

壳体内壁装有 4 个磁极,相对的是同极,相邻的是异极。每个磁极上套装有励磁绕组,绕组采用矩形裸体铜线绕制,并与电枢绕组串联,如图 2-1-6 所示。磁场线圈采用串联或复联,一端与外壳上的绝缘接柱(即磁场接柱)相连,另一端与正电刷相连。从而保证 4 个励磁绕组通电后产生的磁极都是 N、S 极相间排列。

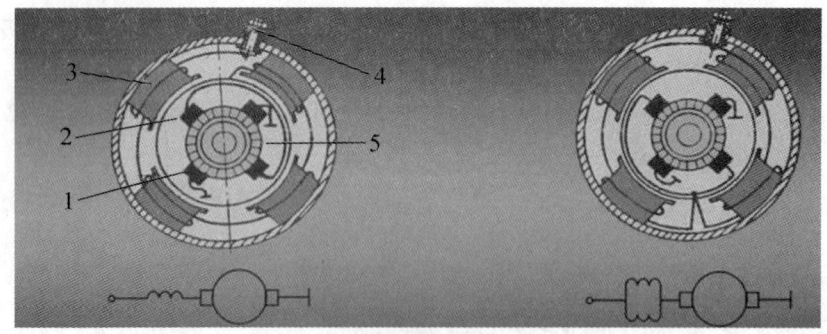

图 2-1-6　磁场绕组连接方式

1—负电刷；2—正电刷；3—磁场绕组；4—起动机"C"端子（磁场线圈引出线端）；5—换向器

2. 电枢

电枢也称转子，它是产生电磁转矩的核心部件，如图 2-1-7 所示。

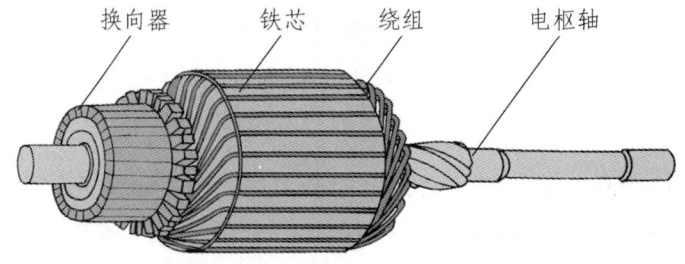

图 2-1-7　起动机电枢结构

电枢线圈是用扁铜线绕成，较粗且匝数少，绕制在电枢铁芯的线槽内，为了获得较大的电磁转矩，流经电枢线圈的电流通常在 300 A 以上；电枢铁芯由外圆带槽的硅钢片叠成；电枢轴中部位置制有螺旋齿槽，用以装置啮合器；为了防止轴向窜动，轴的前端还制有凹槽，用于装置锁止机构，轴的后端也制有凹槽，用于装置止动挡圈及弹性挡圈。

3. 转向器

换向器的作用是将电源提供的直流电转化成电枢绕组所需要的交流电，以保证电枢绕组所产生的转矩方向不变，其结构如图 2-1-8 所示。其主要由铜片合围而成，铜片呈燕尾型，称之为换向片。换向片之间及换向片与轴套、压环之间均采用云母片进行绝缘。

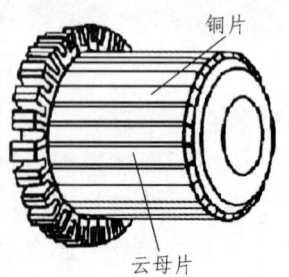

图 2-1-8　换向器结构

4. 电刷

电刷的作用是将直流电源引入电动机，其结构如图 2-1-9 所示。

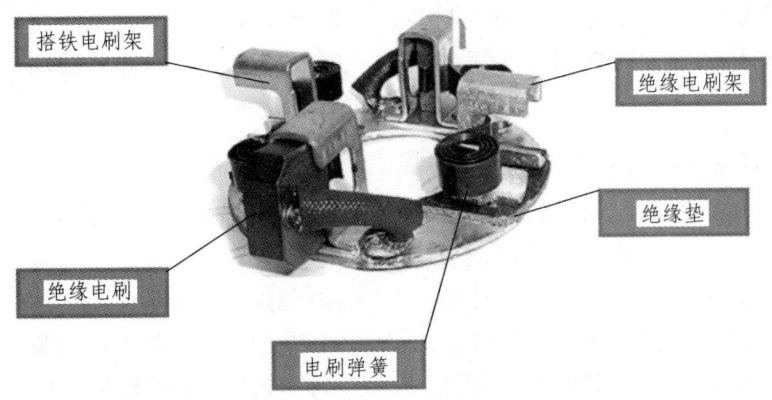

图 2-1-9　电刷组件

电刷一般采用 80% 左右的铜粉与 20% 左右的石墨粉模压而成，一只起动电机一般装配有 4~6 只电刷。电刷安装在电刷架内，利用电刷弹簧的弹力压在换向器上，保证在电动机工作时不会脱落。

（二）传动机构

1. 传动的作用

传动机构也称为单向传动机构，其主要由驱动齿轮、单向离合器和传动拨叉等部件组成，如图 2-1-10 所示。

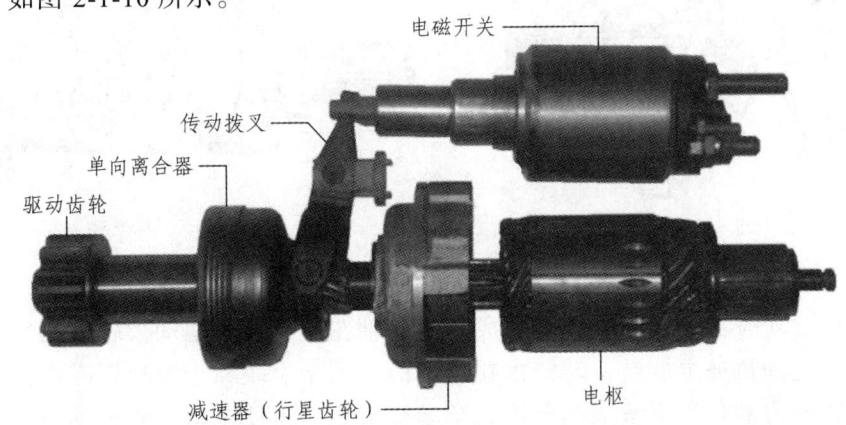

图 2-1-10　城市公交车辆用起动机传动机构

其作用是在发动机起动时，使驱动小齿轮与飞轮齿圈啮合，传递电动机转矩以起动发动机，在发动机起动后自动打滑，保证电枢不致飞散损坏。因此城市公交车辆发动机对起动传动机构有着较高要求：

（1）起动机的驱动齿轮与发动机的飞轮齿圈啮合时要平稳，不能发生冲击现象。

（2）由于起动机的驱动齿轮与发动机的飞轮齿圈速比很大（一般大于 15），因此发动机起动后，驱动齿轮应能自动打滑或脱离啮合，以免发动机带动起动机电枢高速旋转，造成电枢绕组"飞散"的事故。

（3）由于起动机是由点火开关控制的，所以当发动机工作时，需防止点火开关误操作，使起动机的驱动齿轮再次与发动机的飞轮齿圈啮合，而导致起动机与发动机的飞轮齿圈损坏。

2. 单向离合器的类型与工作原理

根据单向离合器的不同，城市公交车辆用起动机传动机构分为滚柱式单向离合器、摩擦片式单向离合器、弹簧式单向离合器等类型。

滚柱式单向离合器结构简单、体积小、工作可靠，一般不需调整，在现代汽车上被广泛采用。但它不能传递大的转矩，在大功率起动机上使用比较限制。

摩擦片式单向离合器的扭矩是可调的，且可以传递较大的转矩，应用于大功率起动机上。但是在使用过程中，摩擦片磨损后，表面摩擦系数会逐渐变小，传递的转矩将会下降，因此需要经常调整，而且其结构复杂。

弹簧式单向离合器具有结构简单，成本低，寿命长，并可传递较大的转矩。但因扭力弹簧轴向尺寸较大，故一般只用在大功率起动机上，如五十铃 TX50 型汽车、CA1091K 型载货汽车、黄河重型货车等。

以滚柱式单向离合器为例，简单介绍其工作原理。

滚柱式单向离合器有十字块式和十字槽式两种，结构如图 2-1-11 所示。

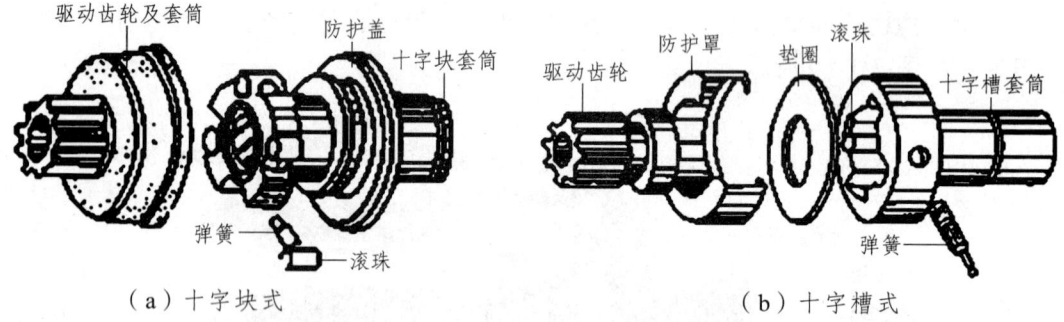

（a）十字块式　　　　　　　　　（b）十字槽式

图 2-1-11　滚柱式单向离合器的结构

发动机起动时，拨叉使离合器总成沿电枢轴花键移动，驱动齿轮啮入发动机飞轮齿圈，然后起动机通电旋转，转矩由花键套筒传到十字块，十字块则随电枢旋转，这时滚珠在摩擦力的作用下滚入楔形槽的窄端被卡死，迫使驱动齿轮带动发动机飞轮旋转，起动发动机。

当发动机起动后，起动齿轮被飞轮带着快速旋转。它的转速高于电枢转速，此时，起动齿轮尾部带动滚柱克服弹簧的张力，使滚柱向楔形腔室较宽的一边滚动，于是滚柱在起动齿轮尾部与外座圈间发生滑摩，导致起动齿轮和外座圈以及电枢脱离联系，此时仅起动齿轮随飞轮旋转，从而避免了电枢超速旋转导致在强离心力作用下被甩出的危险，如图 2-1-12 所示。

（a）起动时　　　　　　　　（b）起动后

图 2-1-12　滚柱式单向离合器的工作原理

（三）控制机构

控制机构又称操纵机构、电磁开关，其作用是通过控制电动机电路的接通与切断，从而控制驱动齿轮和飞轮的啮合与分离。

1. 控制机构的结构组成

控制机构主要由电磁铁机构和电动机开关两部分组成。电磁铁机构由磁力线圈、活动铁芯和固定铁芯组成；电磁开关由主开关接触盘、触点组成，如图 2-1-13 所示。

 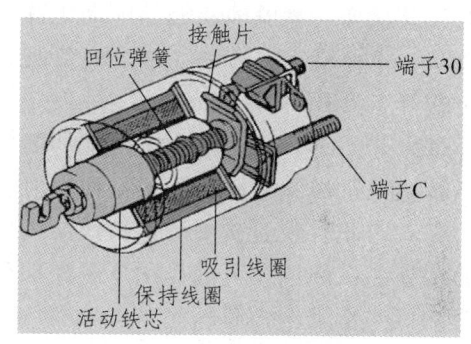

（a）控制机构外观　　　　　　　（b）控制机构结构

图 2-1-13　控制机构

如图 2-1-13 所示，磁力线圈由导线粗、匝数少的吸引线圈和导线细、匝数多的保持线圈组成。吸引线圈和保持线圈并联，和励磁绕组串联；保持线圈的一端接在 S 接线柱、另一端直接搭铁。活动铁芯和固定铁芯安装在一个套筒内。套筒外面安装有回位弹簧，其作用是使活动铁芯等可移动部件复位。固定铁芯不动，活动铁芯可在套筒内作轴向移动。活动铁芯前端固定有推杆，推杆前端安装有开关接触盘；活动铁芯的后端通过调节螺钉和连接销装在变速杆上，与变速杆上的机件绝缘，起动机不工作时，在回位弹簧的作用下，使接触盘与主触点保持分开状态。接触盘固定在活动铁芯的前端，两个触点分别与电动机开关的 N 和蓄电池端子 B（30）接线柱制成一体。

2. 控制机构的工作过程

（1）起动机不工作时

驱动齿轮与飞轮齿圈处于脱开位置，电磁开关中的接触盘与主触点分开。

（2）当点火开关置于起动挡时

蓄电池经起动控制电路向起动机的电磁开关通电，其电流回路为：

吸引线圈回路：蓄电池正极→电动机开关 B 接线柱→点火开关→电磁开关 S 接线柱→吸引线圈→电动机开关接线柱 N→电动机磁场绕组→电枢绕组→负电刷→搭铁→蓄电池负极。

保持线圈回路：蓄电池正极→电动机开关 B 接线柱→点火开关→电磁开关 S 接线柱→保持线圈→搭铁→蓄电池负极。

此时，吸引线圈和保持线圈的电流方向相同，由右手定则可知，两线圈产生同方向的磁场，磁化铁芯，使活动铁芯克服回位弹簧的弹力前移，使前端的接触盘与两个主触点接触。与此同时，活动铁芯后端带动拨叉将驱动齿轮推出与发动机的飞轮齿圈啮合。

当驱动齿轮与飞轮齿圈完全啮合时，接触盘已经将主触点接通，起动机的主电路接通，此电路电阻极小，电流可达几百安培，电动机产生最大转矩，通过接合状态下的单向离合器传给发动机飞轮。

主开关电路接通后，保持线圈的电流回路不变，活动铁芯在保持线圈电磁力的作用下，保持在啮合位置。此时吸引线圈和附加电阻则由于主触点的接通而被短路，其电流回路被替代为：蓄电池正极→电动机开关 B 接线柱→电动机开关接线柱 N→电动机磁场绕组→电枢绕组→搭铁→蓄电池负极。

（3）断开点火开关时

断开点火开关时，起动机主电路被切断，此时保持线圈和吸引线圈串联，其电流回路为：蓄电池正极→电动机开关接线柱 B→接触盘→吸引线圈→保持线圈→搭铁→蓄电池负极。因此时吸引线圈和保持线圈的电流方向相反，产生反方向的磁场，互相抵消，活动铁芯在回位弹簧的作用下迅速回位，使驱动齿轮与发动机的飞轮齿圈脱开啮合，起动机停止工作，起动完毕。

三、起动机的型号

起动机的型号由五个部分组成：

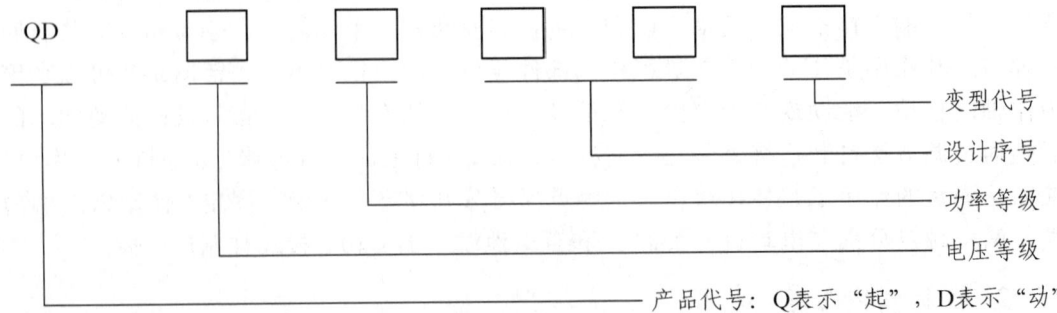

（1）产品代号：有 QD、QDY、QDJ 三种。QD 表示普通电磁式起动机；QDJ 表示减速起动机；QDY 表示永磁起动机（包括永磁减速起动机）；J、Y 分别表示"减"、"永"。

（2）电压等级：用一位阿拉伯数字表示，1 表示 12 V，2 表示 24 V。

（3）功率等级：用一位阿拉伯数字表示，见表 2-1-1。

表 2-1-1　功率等级代号

功率等级代号	1	2	3	4	5	6	7	8	9
功率（kW）	≤1	>1~2	>2~3	>3~4	>4~5	>5~6	>6~7	>7~8	>8

（4）设计序号：按产品设计的先后顺序，用 1~2 位阿拉伯数字表示。

（5）变型代号：主要电气参数和基本机构不变的情况下，一般电气参数和某些结构的改变称为变型，用 A、B、C…顺序依次表示。

例如：QDY1211 表示额定电压为 12 V，功率为 1~2 kW，第 11 次设计的永磁式起动机。

四、起动系统的正确使用

起动发动机时，蓄电池要给起动机提供很大的电流，为保证发动机安全迅速可靠地起动发动机，并尽量延长其使用寿命，在使用中需注意以下事项：

（1）发动机起动后，必须立即切断起动机控制电路，使驱动齿轮及时退出，减少单向离合器的磨损。

（2）起动机起动时，每次起动时间不超过 5 s，再次起动时应间歇 10~15 s，使蓄电池容量得以恢复。如果连续第三次起动，应在检查与排除故障的基础上停歇几分钟后进行。

（3）经常保持蓄电池处于充足电的状态，各处接线良好。在冬季或低温情况下起动车辆时，应对蓄电池采取保温措施。

（4）对于自动挡的城市公交车辆，起动时应踩下制动踏板，挂入空挡，方能起动。

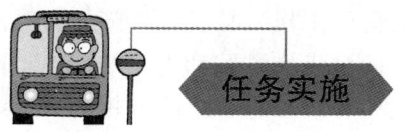

一、实施项目

起动机的维护与保养。

二、实施准备

（1）根据工位数量将学生分组，每小组 6 人分工协作操作。

（2）做好车辆安全防护工作，对完工车辆进行检验，并做好现场5S工作。

（3）操作设备及资料清单，见表2-1-2。

表 2-1-2　操作设备及资料清单

序号	名称	型号	数量
1	实训用城市公交客车整车	Ck6106	2
2	通用工具		5

三、实施过程

（一）日常维护

（1）检查起动机电路各导线的连接，电源正极线的绝缘。如有不良，应更换电源线。

（2）清除起动机外壳的尘土及油污，保持清洁干燥。

（3）检查起动机操纵机构和电磁阀的工作情况，如运动杆件或柱塞卡滞，应及时排除。

（二）车辆每行驶6 000 km后的维护

（1）清洁起动机的换向器表面的灰尘、油污。

（2）检查换向器云母片深度，若云母片槽深度小于0.2 mm时，应重新清理槽深。

（3）拆下起动机，清洁起动机转子轴承和转轴花键，并涂上润滑脂，以润滑转子轴和单向离合器。

（三）车辆每行驶24 000 km后的维护

（1）清洁换向器表面的油污，用 $300^{\#} \sim 400^{\#}$ 砂纸打磨或用车床车削换向器外圆。

（2）检查电刷的磨损程度及电刷弹簧压力。若电刷磨损后长度小于12 mm时，应更换；电刷弹簧弹力低于10 N时，应更换电刷弹簧。

发动机起动时，起动电流很大，起动系在大负荷下工作，易发生故障。常见的故障有：起动机不转、运转无力、空转、不能停转、间歇工作、驱动齿轮与飞轮不能啮合等。其故障原因多为电气方面的，也有机械方面的，故在进行故障分析时，应综合多方面的因素。

实施评价

任务实施评价见表2-1-3。

表 2-1-3　任务实施评价表

检验项目	评价标准	评价方式			得分
起动系统维护与更换流程图是否完成	根据需要进行验证（40%）	自评	互评	教师评价	
起动系统维护与保养计划是否合理	按照计划顺利检测电压及电阻（20%）				
起动系统维护与保养过程	操作的过程规范、流程清晰（20%）				
现场 5S 工作情况	工具整理、现场清扫等（20%）				

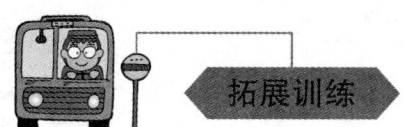

（1）简述直流电动机机构组成及换向器工作原理。
（2）简述不同类型传动机构结构组成及其工作原理。
（3）简述控制机构组成及其工作过程。

任务二　城市公交车辆起动系统常见故障检测

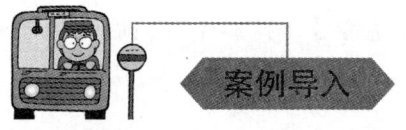

小王在起动一辆城市公交车的发动机后，发现放松点火开关后，起动机一直处于高速运转状态，需要他对该故障进行简单分析并及时报修。

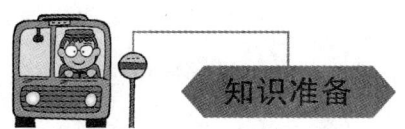

起动系若有故障，通过诊断，确定是起动机故障时，需拆下起动机进行检修。

一、起动机解体检查

（一）磁场绕组的检修

磁场绕组常见的故障有接头脱焊、绕组短路、断路或搭铁等。接头松脱故障，解体后可直接看到绕组连接脱焊，应重新施焊。

1. 搭铁检查

搭铁故障多因绝缘层击穿或被碰伤所致，可用 220 V 交流试灯检验或用万用表 R×10 kΩ 挡检查，如图 2-2-1 所示。若试灯亮或电阻值不为 ∞，则说明磁场绕组搭铁。

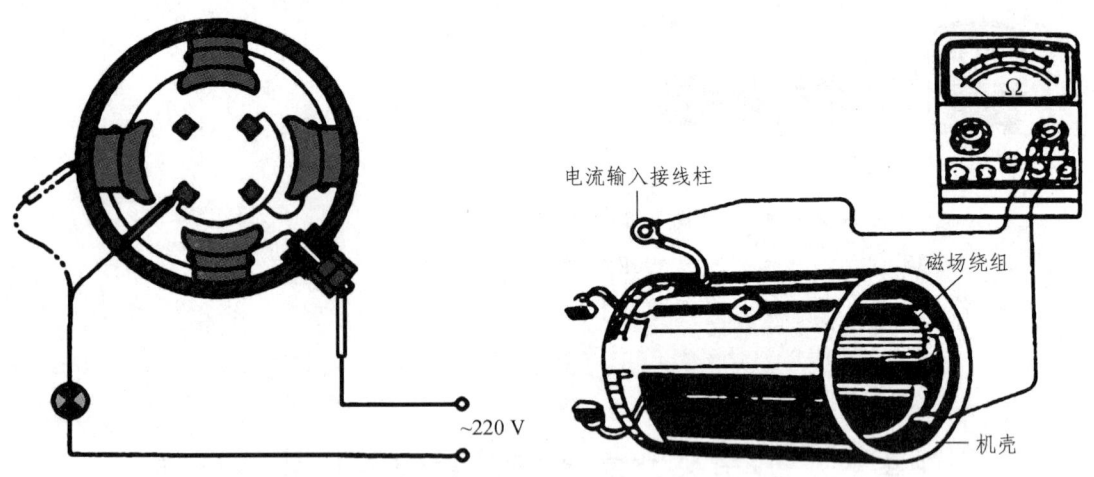

图 2-2-1　磁场绕组搭铁的检查

检查搭铁故障时，应先将磁极和绕组编号，然后用专用工具将磁极固定螺钉拧下，再取下磁场绕组，并用绝缘带包好绝缘损坏处后涂绝缘漆，待烘干后最后将磁极和修好后的绕组重新组装回原位并拧紧磁极紧固螺钉。

2. 短路的检查

当存在匝间短路时，线圈表面可能有烧焦痕迹或已脆化，若表面没有烧焦痕迹，无法从外部确定短路部位，可采取下列方法进行检查：

（1）将蓄电池的电压加在磁场绕组的两端，注意控制电流，同时用一铁片或螺丝刀在四个磁极上分别感受磁极吸力的大小，如果某一磁极有吸力但明显低于其他磁极，则表明该磁极上的磁场绕组短路，如图 2-2-2 所示。

（2）用电枢感应仪检查：将绕组套在铁棒上放于感应仪上，仪器通电 3~5 min 后，若绕组发热则为匝间短路，如图 2-2-3 所示。

若磁场绕组出现短路故障，则需重新绕制或更换新品。

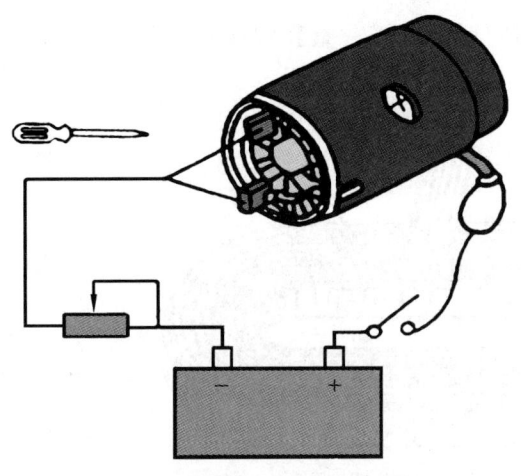 

图 2-2-2　磁场绕组短路的检查　　　　图 2-2-3　用电枢感应仪检查磁场绕组短路

3. 断路检查

磁场绕组的断路一般发生在机壳接线柱与绕组抽头之间的连接导线焊接处或两个励磁线圈之间的接线处，可用万用表电阻挡进行检测。

如图 2-2-4 所示，用 R×1Ω 挡检测绕组断路，若电阻值为 ∞ 表示绕组断路。

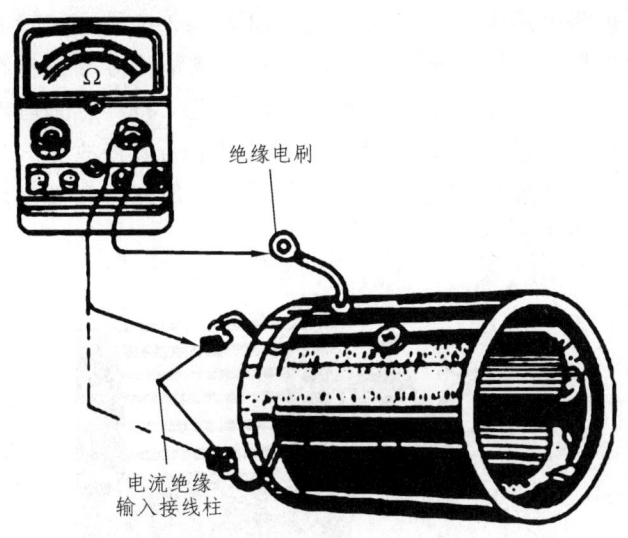

图 2-2-4　磁场绕组断路检查

4. 维　修

搭铁、短路也只限于线圈的表面。用专用工具从外壳上拆下磁极，再从磁极上拆下线圈找出露线点，包以绝缘带并涂绝缘漆，待烘干后，即可装复使用。若取出匝间旧绝缘物（勿使铜线变形），用薄竹片或小刀拨开线匝，将涤纶带或绝缘纸塞入每层线匝之间，重新包扎新纱带后浸漆烘干，如图 2-2-5 所示。装复后应进行试验：对磁场绕组通以 2 V 的直流电，同时使用小钢片测试磁极极性。若小钢片总能被吸到相邻的任两个磁极上,说明磁极安装正确,否则应拆下磁极,重新焊接和安装。

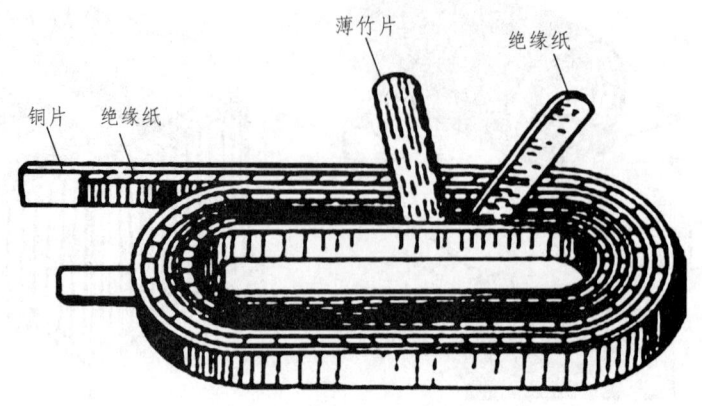

图 2-2-5　磁场绕组的修理

(二) 电枢的检修

电枢绕组常见的故障是匝间短路、断路或搭铁、绕组接头与换向器铜片脱焊等。

1. 电枢绕组短路的检查

电枢绕组匝间短路可用电枢检验仪检查,如图 2-2-6 所示。接通仪器电源,在检验仪上不断地转动电枢,同时在电枢上方放一锯条或钢片等导磁材料,根据其振动情况来判断是否短路。若电枢中有短路,则在电枢绕组中将产生感应电流,钢片在交变磁场的作用下,在槽上振动,由此可判断电枢绕组中的短路故障。当锯条在四个铁芯槽都出现振动时,说明相邻换向器铜片间短路;当锯条在所有槽上振动时,说明同一个槽中上下两层电枢绕组短路。

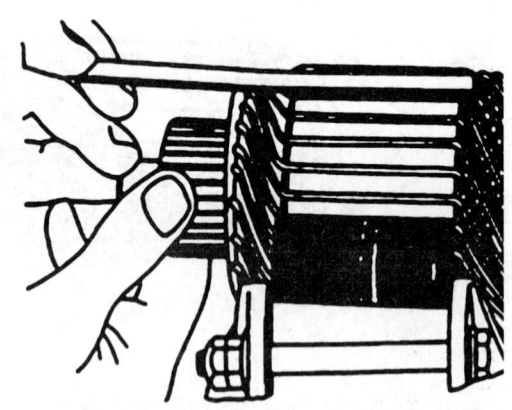

图 2-2-6　电枢绕组短路的检查

2. 电枢绕组断路的检查

电枢绕组断路情况可用万用表法或电枢感应仪检测法进行检测,如图 2-2-7 所示,具体如下:

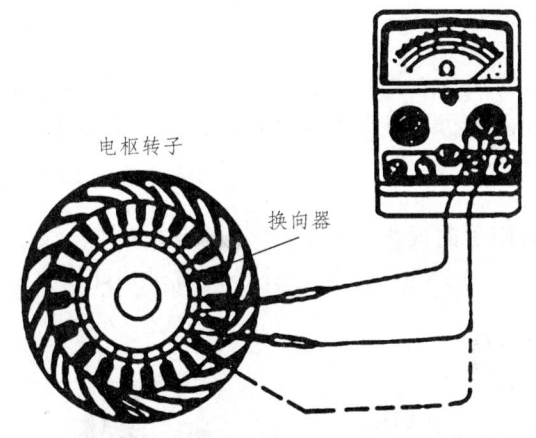

图 2-2-7 电枢绕组断路的检查

万用表法：用万用表 R×1Ω 挡分别测量换向器两相邻铜片间电阻值，其阻值应接近于 0，若阻值偏大，则有断路故障（实际上由于电枢线粗很难测出电阻的变化）。

电枢感应仪检测法：将电枢置于感应仪的 V 形槽中，用毫安表的两个触针分别放在换向器两相邻换向片上，将电源开关置于工作位置，毫安表指针应指示某个数值。若某处毫安表无指示，则表明此匝断路。

3. 电枢绕组搭铁的检查

搭铁检查可采用万用表法或电枢感应仪检测法进行，如图 2-2-8 所示。具体如下：

万用表法：用万用表 R×10 kΩ 挡来检查电枢绕组和电枢和电枢轴之间的电阻，即一表笔接电枢轴，另一表笔接换向器，测量阻值。

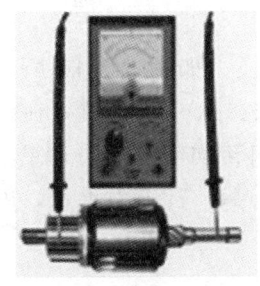 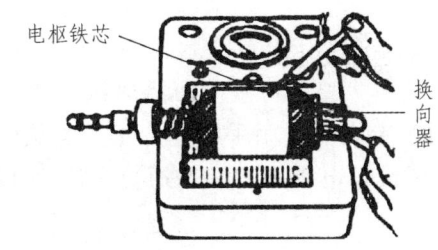

（a）万用表法　　　　　　（b）电枢感应仪检测法

图 2-2-8 电枢绕组搭铁的检查

电枢感应仪检测法：将电枢置于电枢感应仪的夹紧装置上把电源开关转到测试位置。用一个测试针接触电枢铁芯，另一个测试针依次接触换向器的各个铜片，并观察测试灯。

测试灯不亮，则为绝缘良好；若某一换向片上测试时灯亮了，则该处电枢绕组有搭铁故障。电枢绕组若有短路、搭铁故障，则需重新绕制，浸漆绝缘漆后烘干重新装复或予以更换。

4. 换向器的检修

换向器故障多为表面烧蚀、云母片突出等。在检测时，应先目测外观，看换向器表面是否有烧蚀。若轻微烧蚀可用 00# 砂纸打磨即可。严重烧蚀，应进行车削精加工。

5. 电枢轴的检修

电枢轴的常见故障是弯曲变形，可用百分表进行检测，如图 2-2-9 所示。电枢轴铁芯处径向跳动应不大于 0.15 mm，轴颈处径向跳动应不大于 0.05 mm，否则应用冷压校正法校直。

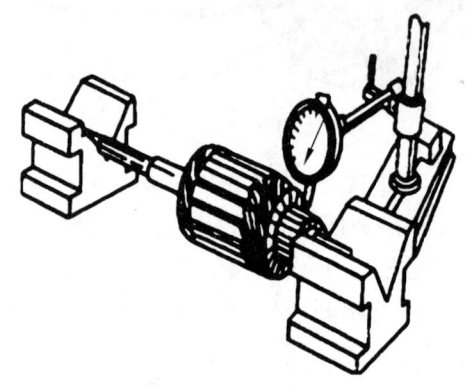

图 2-2-9　电枢轴的检修

用百分表检查换向器的圆跳动量，测量其圆度，若严重失圆，应进行车削加工，加工后换向器铜片厚度不得少于 2 mm。云母片的深度应为 0.5～0.8 mm。

（三）电刷与电刷架的检修

电刷的高度应不小于新品高度的 2/3，否则应更换，如图 2-2-10 所示；电刷与换向器接触面积应达 75%，否则应研磨电刷，研磨方法：从检查窗口处在换向器上缠上 00# 砂布后，再装上电刷，用手沿电枢工作时旋转方向转动电枢进行研磨。如图 2-2-11 所示，用弹簧秤检查电刷压力，普通货车应为 12～15 N，若压力不足，可反向拨动增加弹力或更换。

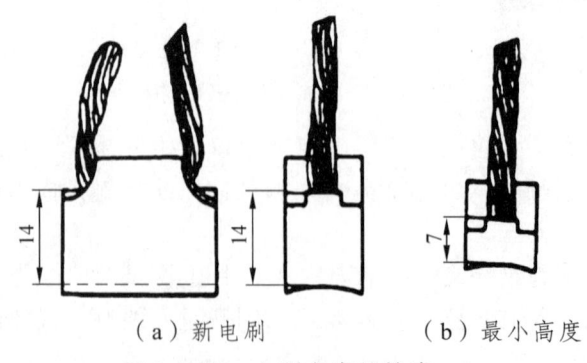

（a）新电刷　　（b）最小高度

图 2-2-10　电刷高度的检查

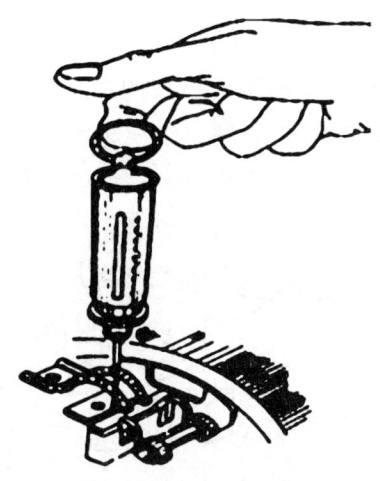

图 2-2-11 电刷弹簧压力的检查

如图 2-2-12 所示,用万用表或交流试灯检查绝缘刷架绝缘情况和搭铁电刷架搭铁情况,均应符合要求。

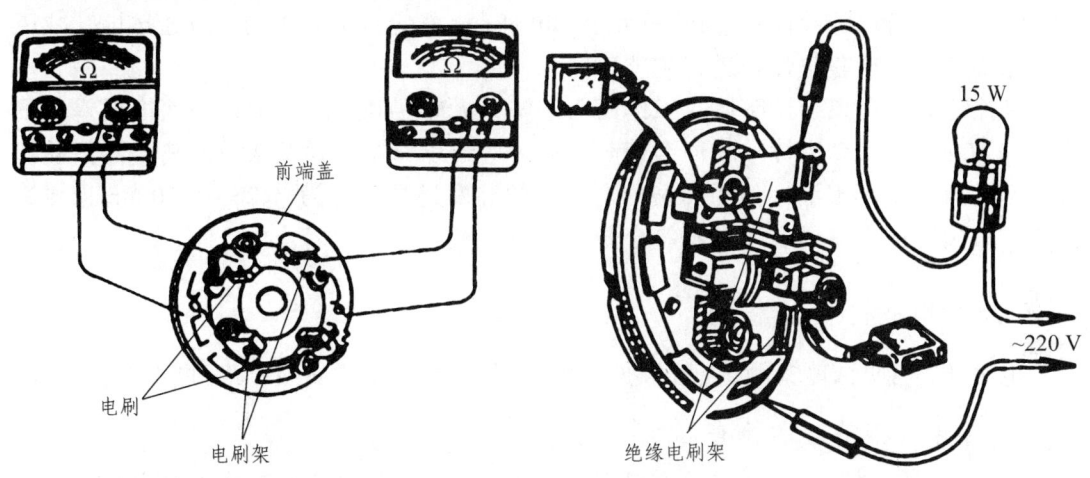

图 2-2-12 电刷架的检查

(四)轴与轴承的检修

一般电枢轴与轴承的配合间隙应为 0.05 mm,最大不超过 0.10 mm;驱动齿轮铜套与轴的间隙一般 0.06 mm,最大不超过 0.15 mm。若间隙值超出最大允许极限,则应予以更换。

(五)传动机构的检修

1. 检查拨叉

拨叉应无变形、断裂、松旷等现象,回位弹簧应无锈蚀,且弹力正常,否则应予以更换。

2. 单向离合器的检修

驱动齿轮表面检查：齿长不得小于全齿长的 2/3。驱动齿轮无断齿、裂痕，无齿面、齿端倒角磨损过甚或扭曲变形，否则应予以更换。

检查驱动齿轮的单向性：将其夹在台钳上，插入花键轴，扭力扳手用套管与花键轴相连，向锁止方向搬动扭力扳手检查扭力的大小，如图 2-2-13 所示。

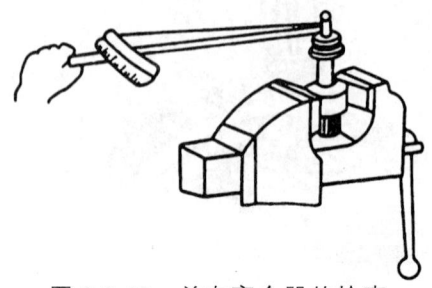

图 2-2-13 单向离合器的检查

滚柱式单向离合器在 26 N·m 以下转矩不滑转；摩擦片式单向离合器在 117～176 N·m 以下转矩不滑转，当转矩大于 180 N·m 时应打滑。否则，应通过增、减压环与摩擦片间的调整垫片来进行调整。

摩擦片式单向离合器摩擦片工作面应平整，无破裂和严重变形；平面度误差应不大于 0.10 mm，主动摩擦片表面沟槽磨平时，应予以修复；弹簧式单向离合器活动部件应活动自如而不卡滞，扭力弹簧与套筒间的装配过盈量应为 0.25～0.50 mm，弹簧折断、破裂、弹力减弱、扭力不符合要求时应更换。

（六）电磁开关的检修

电磁开关常见故障为触点、接触盘烧蚀；接触面积过小或线圈短路、断路及搭铁等。

1. 触点、接触盘的检查

目测触点、接触盘，应清洁、无烧蚀。若轻微烧蚀，可用锉刀或砂布进行打磨修整。若烧蚀严重，则予以更换。

2. 线圈检查

吸引线圈是否存在断路、搭铁可用万用表通过测量电阻来检查。用万用表 R×1Ω 挡来检查吸引线圈和保持线圈的电阻值，应符合规定。若线圈已经断路或严重短路时，应更换或重绕。绕制时，应注意漆包线的直径、匝数以及绕线方向应与原来的相同，且保持线圈在内层，吸拉线圈在外层，线圈间、线圈与外壳之间应用青壳纸隔开，线圈头部要套绝缘管。回位弹簧过弱应予以更换。

（七）前后端盖的检修

前后端盖表面应无裂纹，检查轴承孔有无毛刺、烧伤现象。

二、装复后检查与调整

1. 驱动齿轮与端盖凸缘距离的检查与调整

调整的目的是限制啮合器套筒任意前移,保持电磁开关活动铁芯和啮合器都有一个适当的工作距离,防止起动机不工作时驱动齿轮与飞轮相碰。东风系列车用起动机为29~32 mm;解放系列车用起动机为32.5~34 mm,如图2-2-14所示。调整时松开锁紧螺母,调整限位螺钉至规定值。

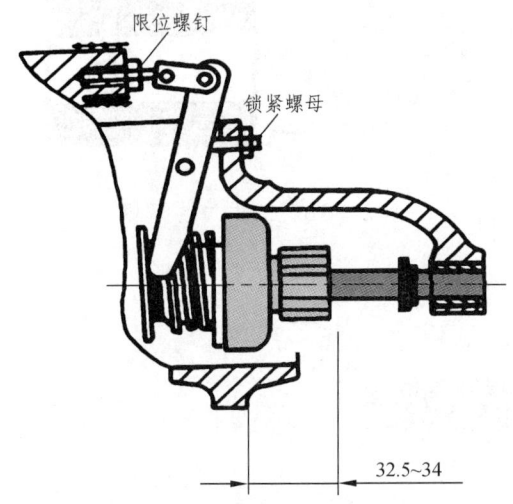

图 2-2-14 驱动齿轮与端盖凸缘距离调整

2. 驱动齿轮端面与止推垫圈间隙的检查与调整

如图2-2-15所示,驱动齿轮端面与止推垫圈间隙在不工作时间隙应为1~4 mm,工作时的间隙为1.5~2.5 mm,如图2-2-16所示。

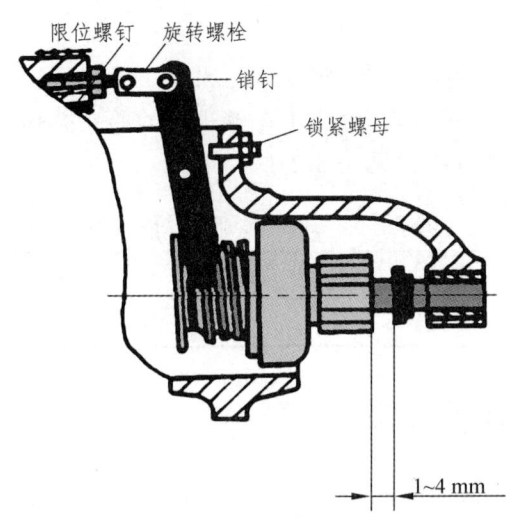

图 2-2-15 检查驱动齿轮与止推垫圈之间的间隙

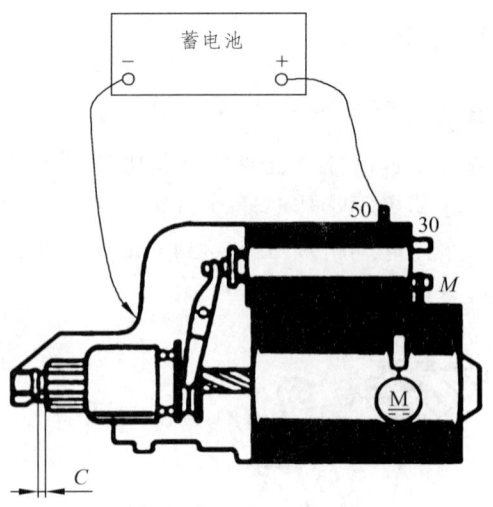

图 2-2-16　工作时的间隙

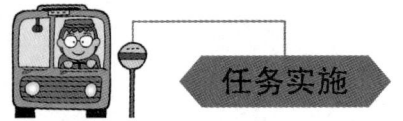

一、实施项目

起动机不转故障诊断与检测

二、实施准备

（1）根据工位数量将学生分组，每小组 6 人分工协作操作。
（2）做好车辆安全防护工作，对完工车辆进行检验，并做好现场 5S 工作。
（3）操作设备及资料清单，见表 2-2-1。

表 2-2-1　操作设备及资料清单

序号	名称	型号	数量
1	城市公交客车起动机	QD154E	6

三、实施过程

（一）起动机不转故障

故障现象：接通起动开关，电磁开关发出"哒…哒…"异响现象，起动机不转动。

故障原因：

（1）电源故障：蓄电池严重亏电或极板硫化、短路等，蓄电池极桩与线夹接触不良，起动电路导线连接处松动而接触不良等。

（2）起动机故障：起动机电磁开关触点烧蚀、氧化，换向器与电刷接触不良，磁化线圈短路、断路、搭铁，活动铁芯动作不良；轴承过松、电枢轴弯曲造成电枢扫膛；磁场绕组或电枢绕组有断路或短路，绝缘电刷搭铁等。

（3）起动系线路故障：起动线路中有断路、导线接触不良（含连接器插入部位接触不良）或松脱等。

（二）起动机空转

故障现象：接通起动开关后，只有起动机快速旋转，或有"卡啦卡啦"的声音，但发动机曲轴不转。

故障原因：飞轮齿圈缺齿；起动机安装不当；传动装置故障，如单向离合器弹簧损坏；单向离合器滚子磨损严重；单向离合器套管的花键槽锈蚀，这些故障会阻碍小齿轮的正常移动，造成不能与飞轮齿圈准确地啮合等；拨叉连接处脱开等。

有的起动机传动装置采用一级行星齿轮减速装置，其结构紧凑，传动比大，效率高。但使用中常会出现因载荷过大而烧毁卡死。有的采用摩擦片式离合器，若压紧弹簧损坏，花键锈蚀卡滞和摩擦离合器打滑，也会造成起动机空转。

（三）起动机异响

故障现象：起动发动机时，起动机发出"嘎，嘎……"的轮齿撞击异常响声，发动机曲轴不能随之转动。

故障原因：起动机驱动齿轮或飞轮齿圈内端磨损严重；起动机驱动齿轮端面止推垫圈之间间隙过大。

实施评价

表 2-2-2　学生自我评价

学习目标 \ 掌握程度	了解	熟悉	掌握
起动机不转故障			
起动机空转			
起动机异响			

(1)磁场绕组短路断路与检修的具体内容与实施步骤有哪些？
(2)电刷及电刷架的检查要求条件是什么？具体操作有哪些步骤？
(3)单向离合器的检修方法有哪些步骤？

项目三

城市公交车辆点火系统

任务一 城市公交车辆点火系统认知

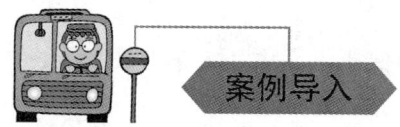

一辆城市公交车在行驶中突然发动机熄火,进行跳火试验后发现高压无火,作为公交车驾驶员的你对该故障进行初步判定,并准确报修。

点火系统的作用是将车辆电源供给的低压电转变为高压电,并按照发动机的工作顺序与点火时刻的要求,适时准确地将高压电送至各缸的火花塞,使火花塞跳火,点燃气缸内的混合气。

一、传统点火系统的组成

(一)传统点火系统的组成

传统点火系统的组成部件如图 3-1-1 所示。

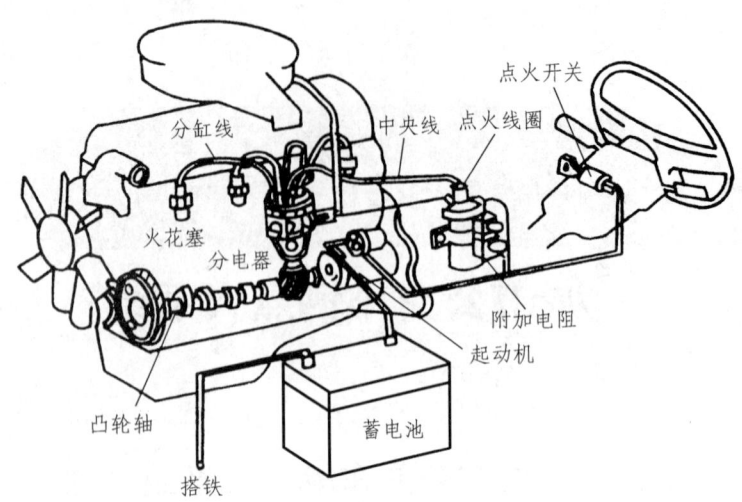

图 3-1-1　传统点火系统的组成

传统点火系统主要由电源、点火开关、点火线圈、分电器、火花塞、高压导线、附加电阻等组成。

电源：蓄电池或者是发电机，供给点火系统的低压电，电压一般是 12 V。

点火开关：控制点火系统初级电路的供电。

点火线圈：将 12 V 的低压电变成 15～20 kV 的高压电。

附加电阻：改善点火性能和起动性能。

分电器：包括断电器、电容、配电器、点火提前机构。

断电器：产生点火的信号。

电容器：防止断电器触点烧损，提高次级电压。

配电器：将点火线圈产生的高压电，按照发动机的工作顺序送至各缸的火花塞。

点火提前机构：随发动机转速、负荷的变化改变点火提前角。

高压导线：将高压电从配电器引到火花塞。

火花塞：在燃烧室内产生电火花点燃混合气。

（二）传统点火系统的工作过程

1. 触点闭合时点火系统电路

触点闭合时，初级电路通电，电流从蓄电池的正极经点火开关、点火线圈的初级绕组、断电器触点、接地流回蓄电池的负极。在初级绕组通电时，其周围产生磁场，并由于铁芯的作用而加强。此时的电路称为初级电路（或低压电路），如图 3-1-2 所示。

2. 触点断开时点火系统电路

当断电器凸轮顶开触点时，初级电路中电流迅速下降到零，铁芯中的磁通随之迅速衰减以至消失，在次级绕组中感应出很高的电压，击穿火花塞两极间隙产生火花。

在断电器触点分开瞬间，分火头对准相应缸的侧电极，高压电流从点火线圈的次级绕组、中央高压导线、配电器、分缸高压导线到火花塞点火。此时的电路称为次级电路（或高压电路）。

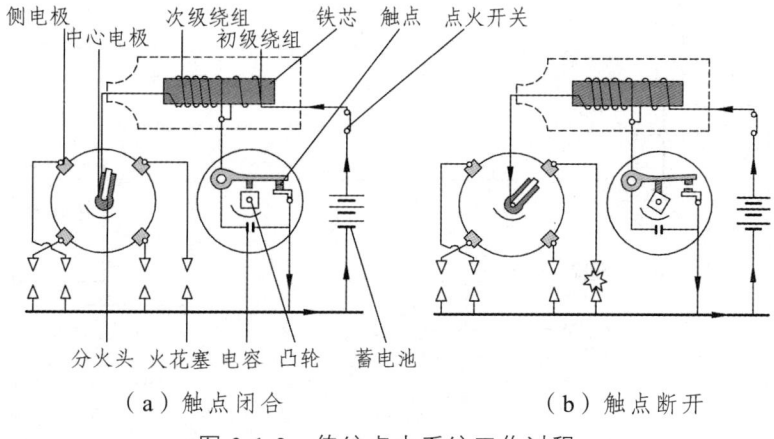

（a）触点闭合　　　　　　　（b）触点断开

图 3-1-2　传统点火系统工作过程

二、电子点火系统

现在汽车上使用的一般都是电子点火系统。电子点火系统的组成和传统点火系统的区别是采用电子触发装置控制初级回路，断电触点已经被信号发生器（又称传感器）所取代，由固态的点火控制器（又称点火模块）控制点火，如图 3-1-3 所示。

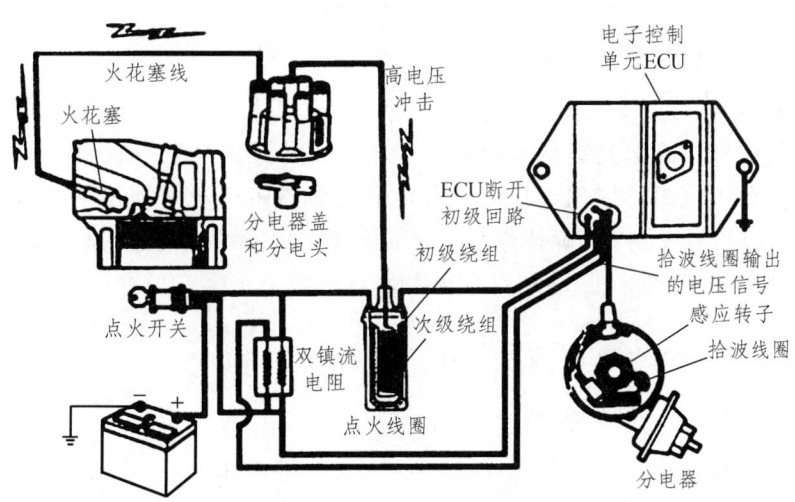

图 3-1-3　电子点火系统的组成

（一）有分电器的电控点火系统

1. 有分电器电控点火系统的组成

如图 3-1-4 有分电器电控点火系统只有 1 个点火线圈，电控单元 ECU 根据传感器信号确定某缸点火时，向点火器发出指令信号（IGT 信号）。点火器则根据 ECU 的指令控制点火线圈内初级电路通电或断电。次级线圈产生的高压电经分电器输送给点火缸的火花塞，以实现点火。

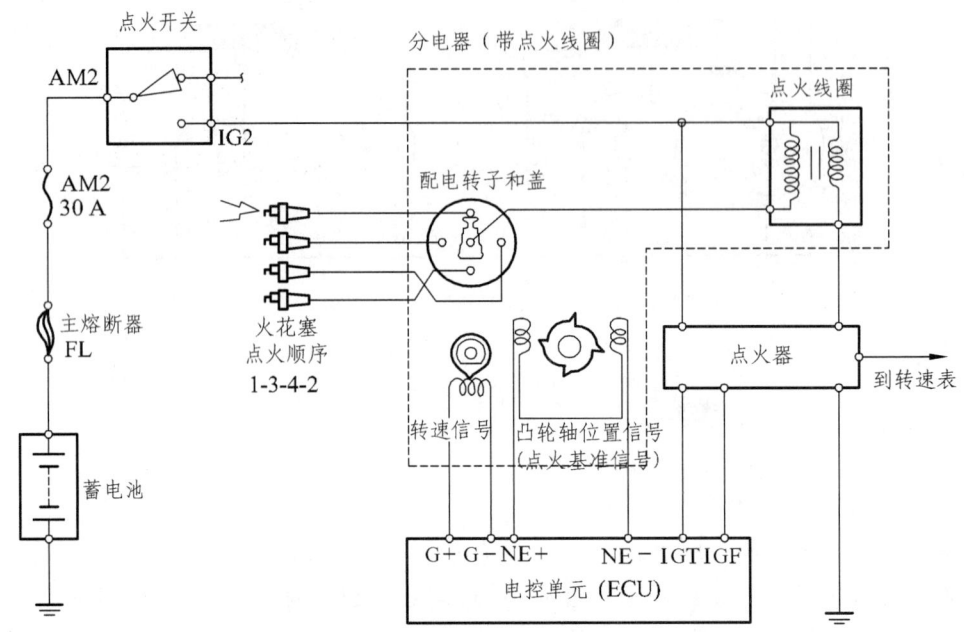

图 3-1-4　有分电器电子控制点火系统

2. 有分电器点火系统工作原理

点火开关接通 IG2，向点火器、点火线圈和 ECU 通电。发动机工作时，ECU 根据传感器输入的信号，确定发动机点火时刻，向点火器发出触发点火信号"IGT"，切断初级电路，使次级绕组感应出高压电经分电器送到各缸火花塞。发动机每点一次火，点火器向 ECU 反馈一个点火确认信号"IGF"，作为自诊断系统监控信号。若 ECU 连续四次未收到"IGF"信号，即判定点火系出现故障。

（二）无分电器的电控点火系统

1. 无分电器电控点火系统的组成

无分电器电控点火系统采用电子配电的方式分配高压电。电子配电方式是指在点火控制器控制下，点火线圈的高压电按照一定的点火顺序，直接加到火花塞的直接点火方式。无分电器电控点火系统又称直接点火系统（DIS），如图 3-1-5 所示。在典型的无分电器电子点火系统中，点火模块是利用曲轴和凸轮转速及位置信号去控制线圈中初级回路的接通和断开时刻，使线圈点火顺序与发动机发火顺序和曲轴位置同步。点火模块通常固化在发动机电控单元中。

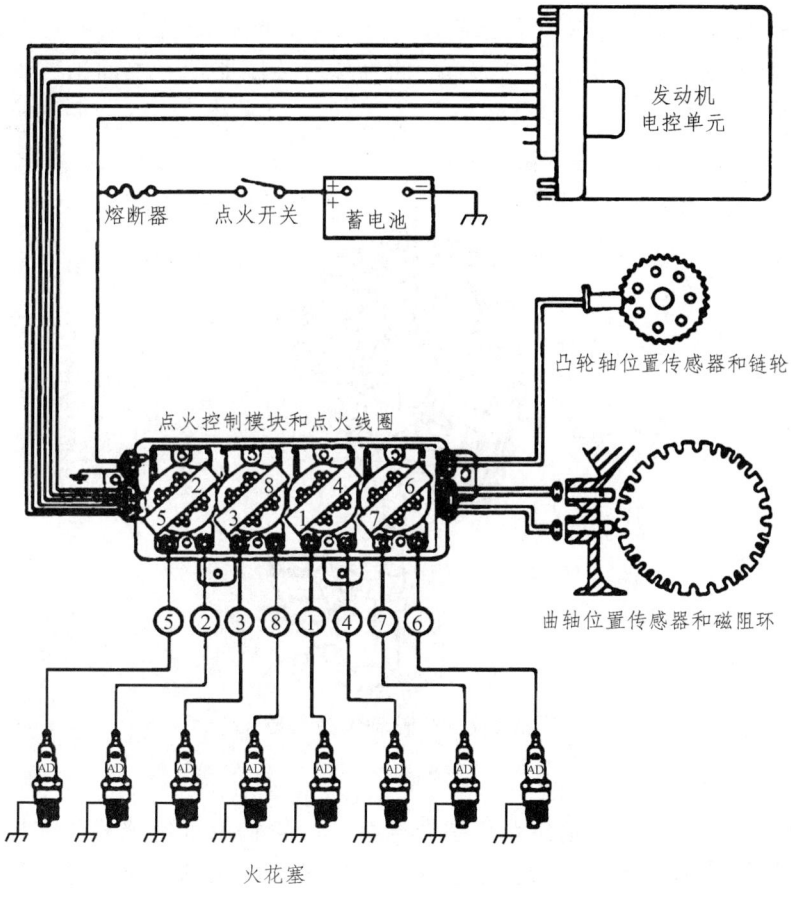

图 3-1-5 无分电器电子控制系统的组成

2. 曲轴转角信号

曲轴转角信号由曲轴位置传感器产生,如图 3-1-6 所示。曲轴位置传感器为电磁式,其脉冲轮齿圈与飞轮装在一起。当发动机工作时,轮齿转过转速传感器产生均匀的电脉冲信号,传送给 ECU。ECU 计量单位时间内的电脉冲数,就可确定发动机转速。

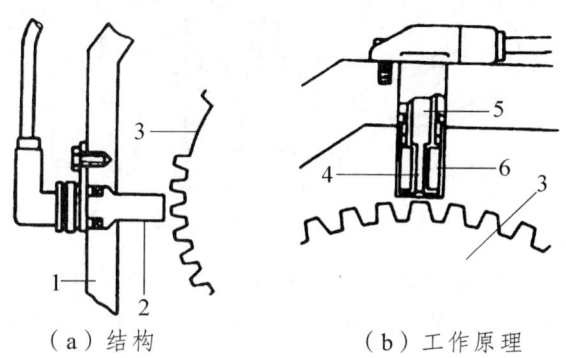

（a）结构　　（b）工作原理

图 3-1-6 曲轴位置传感器

1—气缸体；2—传感器；3—脉冲轮；4—软铁芯；5—永久磁铁；6—线圈

而脉冲轮上缺 2 齿,当缺齿部位转过传感器时,电脉冲信号发生变化,ECU 由此判定第 1、4 缸的活塞位于上止点。这样,曲轴位置传感器把有关曲轴位置和转速的信息送入发动机电控单元。

3. 凸轮轴位置信号

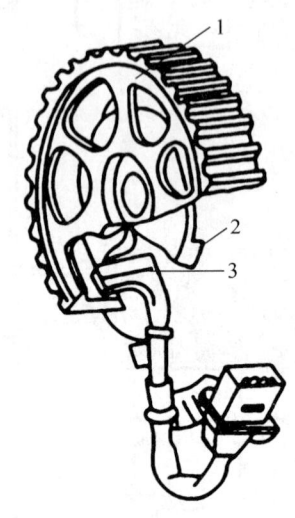

图 3-1-7　凸轮轴位置传感器

1—凸轮轴皮带轮;2—脉冲环;3—传感器

凸轮轴位置信号由凸轮轴位置传感器产生。凸轮轴位置传感器又称相位传感器,如图 3-1-7 所示。相位传感器为霍尔效应式,安装在凸轮轴皮带轮后。脉冲环上开有 180°的缺口,缺口转过传感器时产生高电压,其余部分转过时传感器产生低电压,当信号电压从低电压转为高电压时,ECU 判定第 1 缸活塞位于压缩行程的上止点。

4. 点火线圈

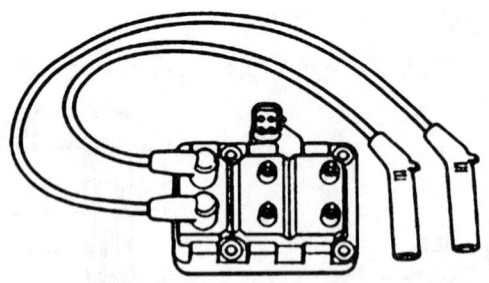

图 3-1-8　点火线圈总成

无分电器电控点火系统的点火线圈的数量比有分电器电控点火系统的多。点火线圈总成包括一组点火线圈,如图 3-1-8 所示。每个线圈中,次级绕组控制 1 个或者 2 个火花塞点火。

发动机电控单元根据曲轴转角和凸轮轴位置信号来确定凸轮轴和曲轴位置,判定各缸点火时刻,由点火器控制点火线圈按顺序进行工作。

(三)微机控制点火系统

微机控制点火系统的英文缩写为 MCI。汽油发动机采用微机控制点火系统能将点火提前角控制在最佳值,使可燃混合气燃烧后产生的温度和压力达到最大值,从而提高发动机的动力性,同时还能提高燃油经济性和减少有害气体的排放量。

1. 微机控制点火系统的组成

微机控制点火系统主要由凸轮轴位置传感器、曲轴位置(曲轴转速与转角)传感器、空气流量传感器、节气门位置(负荷)传感器、冷却液温度传感器、进气温度传感器、车速传感器、爆震传感器、各种控制开关、电控单元 ECU、点火控制器、点火线圈以及火花塞等组成,如图 3-1-9 所示。

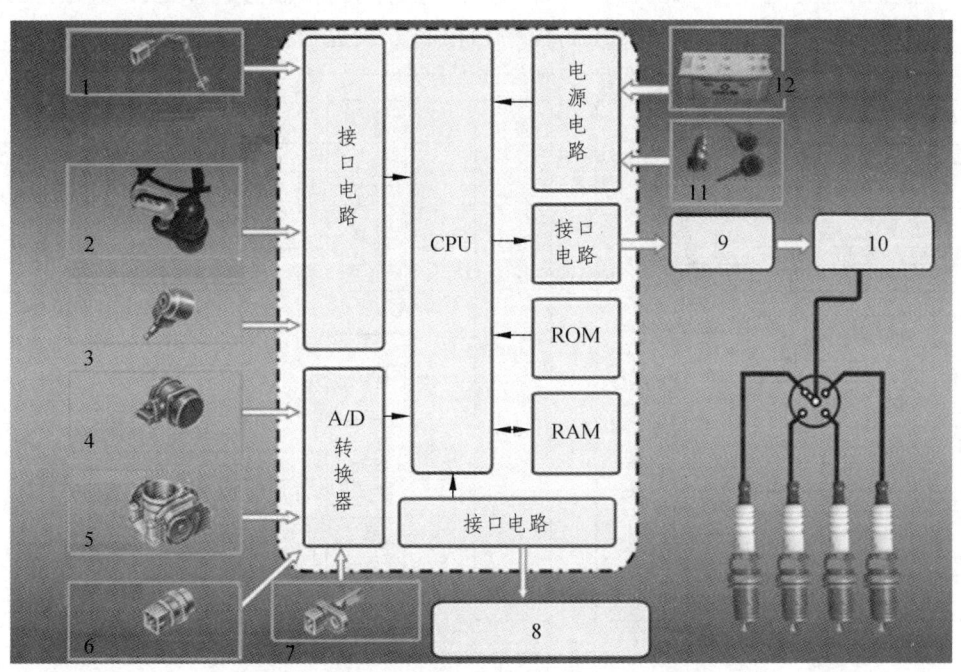

图 3-1-9 微机控制式点火系统的组成

1—凸轮轴位置传感器 2—曲轴位置传感器 3—爆震传感器;4—空气质量计;5—节气门控制组件;
6—冷却液温度传感器;7—进气温度传感器;8—发动机故障报警灯;
9—点火控制器;10—点火线圈;11—点火开关;12—蓄电池

2. 微机控制点火的工作原理

微机控制点火系统的控制原理如图 3-1-10 所示,曲轴位置传感器 CPS 向 ECU 提供发动机转速、曲轴转角信号,转速信号用于计算确定点火提前角,转角信号用于控制点火时刻(点火提前角)。空气流量传感器 AFS 和节气门位置传感器 TPS 向 ECU 提供发动机负荷信号,用于计算确定点火提前角。冷却液温度信号 CTS、进气温度信号 IATS、车速信号 VSS、空调开关信号 A/C 以及爆震传感器 EDS 信号等等，用于修正点火提前角。

发动机工作时，CPU 通过上述传感器把发动机的工况信息采集到随机存储器 RAM 中，并不断检测凸轮轴位置传感器信号（即标志位信号），判定是哪一缸即将到达压缩上止点。当接收到标志信号后，CPU 立即开始对曲轴转角信号进行计数，以便控制点火提前角。与此同时，CPU 根据反映发动机工况的转速信号、负荷信号以及与点火提前角有关的传感器信号，从只读存储器中查询出相应工况下的最佳点火提前角。在此期间，CPU 一直在对曲轴转角信号进行计数，判断点火时刻是否到来。当曲轴转角等于最佳点火提前角时，CPU 立即向点火控制器发出控制指令，使功率三极管截止，点火线圈初级电流切断，次级绕组产生高压，并按发动机点火顺序分配到各缸火花塞跳火点着可燃混合气。

上述控制过程是指发动机在正常状态下点火时刻的控制过程。当发动机起动、怠速或汽车滑行工况时，有专门的控制程序和控制方式进行控制。

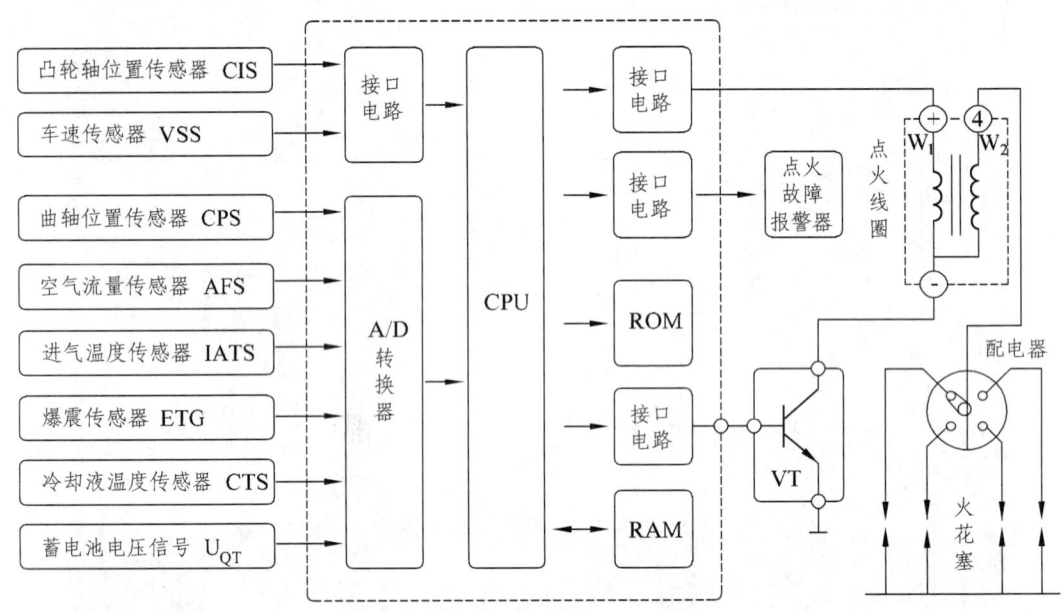

图 3-1-10 微机控制式点火系统工作原理

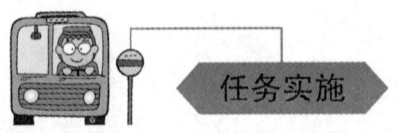

一、实施项目

点火系统部件的检测与维护。

二、实施准备

（1）根据工位数量将学生分组，每小组 6 人分工协作操作。
（2）做好车辆安全防护工作，对完工车辆进行检验，并做好现场 5S 工作。
（3）操作设备及资料清单，见表 3-1-1。

表 3-1-1 操作设备及资料清单

序号	名称	型号	数量
1	城市公交客车	CK6106	5
2	车用数字万用表	DT920B	5
3	手动工具	世达 56 件/套	5
4	火花塞专用套筒		5
5	钢丝式专用量规		5

三、实施过程

（一）高压导线的检测与维护

高压导线（又称高压线）将点火线圈产生的高压电传输到各个火花塞。高压导线的安装位置如图 3-1-11 所示。

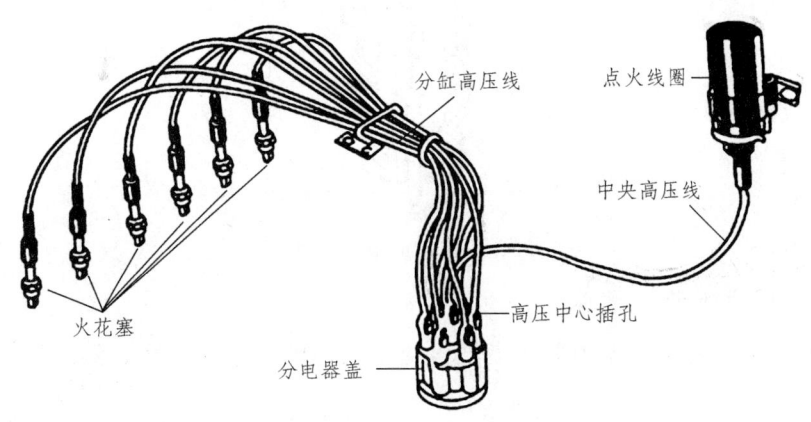

图 3-1-11 高压导线安装位置

（1）检查高压导线是否有断裂和磨损，它们可能引起高压泄漏；检查火花塞端部保护套确定是否有断裂、脆化等情况，如果有应更换。更换高压导线时，按车辆维修手册规定进行安装和布置。
（2）使用万用表测试高压导线电阻，参照车辆维修手册的标准值判断好坏，并做好记录，如图 3-1-12 所示。

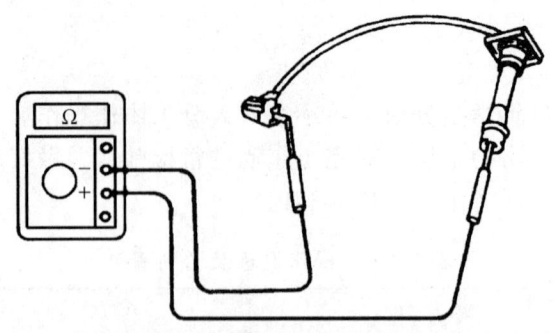

图 3-1-12　检测高压导线的电阻

（二）火花塞的检测与维护

点火系统用火花塞点燃气缸内的可燃混合气。火花塞由三个主要部分组成——钢壳、陶瓷绝缘体和一对电极，带有螺纹和密封座的钢壳包裹着陶瓷芯和电极。常用汽车用火花塞的螺纹规格为 14 mm 或 18 mm，如图 3-1-13 所示。

图 3-1-13　火花塞结构

1. 火花塞的拆装、清洁

在拆下火花塞之前，先用喷气嘴把火花塞孔中的杂物吹干净，然后用专用工具拆下火花塞。

如果火花塞上有积炭等污物，应用火花塞清洗器清洗，如图 3-1-14 所示。安装火花塞时，火花塞和火花塞座要用抹布擦干净。如果火花塞有垫片则需更换。按照规定的扭矩固定火花塞。

2. 检查火花塞的积炭状况

根据火花塞的积炭状态来判断气缸的工作环境。气缸在正常油气混合比下工作时，火花塞上有浅褐色或灰色的积炭。图 3-1-15 中展示了火花塞在不同的工作环境中产生积炭原因及处理方法。

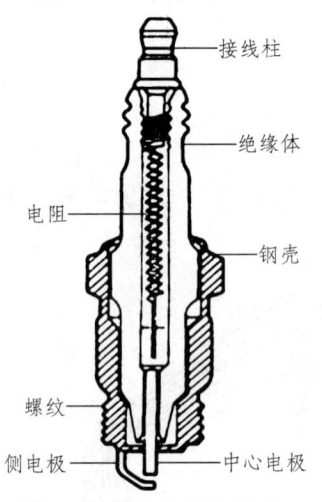

图 3-1-14　火花塞清洗器

间隙短路  原因：由于机油或炭沉积物引起。 特征：沉积物将火花塞间隙短路。 处理方法：更换火花塞或者当沉淀不多时清洗火花塞	机油积炭  原因：由于过多的机油进入燃烧室而引起的，机油通过的原因是因为环和活塞的磨损，气门导管与气杆的间隙过大或磨损的、松动的轴承引起。 特征：在中心电极或绝缘体上有湿的褐色沉淀物。 处理方法：更换火花塞，如果发动机不做修理，则更换一个较热的火花塞	炭沉积  原因：火花塞过冷，火花太弱，脏的空气滤清器，燃油泵故障，混合气过浓，不恰当地操作加温造成怠速时间过长引起。 特征：在火花塞绝缘体头部，暴露出的外壳表面和电极上有干的、松动的积炭。 处理方法：清除积炭
电极损耗  原因：由于正常损耗引起。 特征：电极过度烧蚀或损耗。 处理方法：更换火花塞	正常 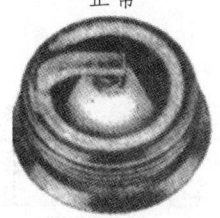 特征：着火尖端上有淡灰色或淡褐色的沉淀物	铅沉积  原因：使用了高铅汽油。 特征：在绝缘体的顶端有深灰色、黑色、黄色或褐色的沉淀物，或者有一层熔化的研磨层。 处理方法：更换火花塞
提前点火  原因：燃油标号不对，点火正时不正确，火花塞型号太热，气阀上着火或发动机过热。 特征：电极熔化或绝缘体上有气泡，绝缘体上有金属沉积，发动机损坏。 处理方法：更换火花塞	过热 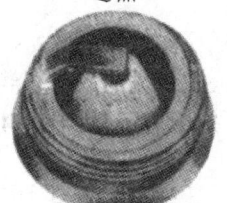 原因：当发动机过热，燃油标号不对，火花塞松动，火花塞型号过热，燃油泵压力过低或不正确的点火时。 特征：白色或浅灰色的绝缘体，上面带有小的黑色或灰褐色斑点，而且电极颜色成考蓝色。 处理方法：更换火花塞	熔化的斑点沉积  原因：由于急加速引起。 特征：有熔化的或斑点状的沉淀物。 处理方法：如果不太严重可以清除，否则更换火花塞

图 3-1-15 火花塞在不同工作环境下产生故障的原因、特征及处理方法

3. 测量火花塞间隙

中心电极与接地电极间的火花塞间隙一般为 0.8～1.2 mm。图 3-1-16 给出了用塞规正确测量火花塞间隙的方法。

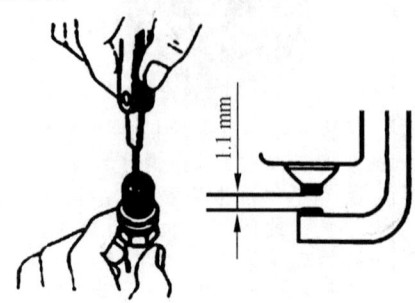

图 3-1-16　火花塞间隙的测量方法

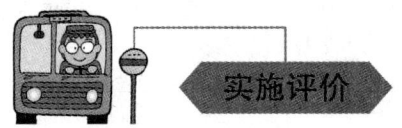

任务实施学生自我评价见表 3-1-2。

表 3-1-2　学生自我评价

学习目标 \ 掌握程度	了解	熟悉	掌握
点火系统主要工作原理			
点火系统高压线检查实施步骤			
点火系统火花塞检查具体内容			

（1）简述传统式点火系统的工作原理。

（2）简述无分电器式电子控制点火系统工作原理。

（3）微机控制式点火系统有哪些特点？

任务二　城市公交车辆点火系统常见故障检修

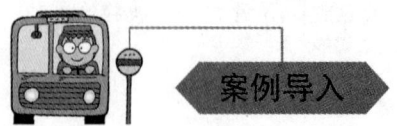

一辆采用微机控制式点火系统的城市公交车在运行途中，出现发动机熄火，无法再次起动的现象，作为驾驶员的你对该故障进行常规检查，分析故障原因并及时报修。

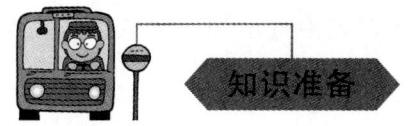

一、点火正时的认知

（一）点火提前

由于混合气在气缸内燃烧占用一定的时间，所以混合气不应在压缩行程上止点处点火，燃烧过程必须在压缩冲程接近结束的上止点前开始，以保证发动机的动力性、燃油经济性和排放，如图3-2-1所示。

1. 点火提前角

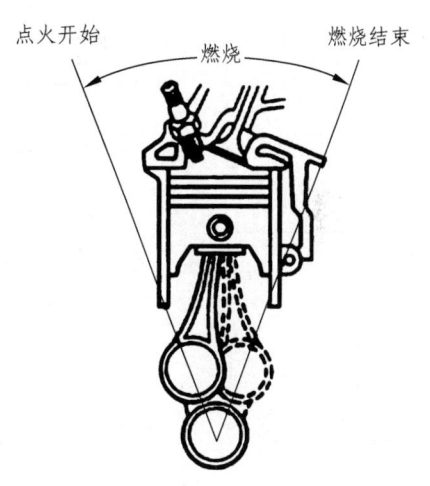

图 3-2-1　点火提前

点火时刻一般用点火提前角来表示，即从发出电火花开始到活塞到达上止点为止的一段时间内曲轴转过的角度。如果点火提前角过大（点火过早），则大部分混合气在压缩过程中燃烧，活塞所消耗的压缩功增加，且缸内最高压力升高，末端混合气自燃所需的时间缩短，爆燃倾向增大。如果点火过迟，则燃烧延长到膨胀过程，燃烧最高压力和温度下降，传热损失增多，排气温度升高，功率、热效率降低，但爆燃倾向减小，NO_x排放量降低。

实验证明，最佳的点火提前角，应使发动机气缸内的最高压力出现在上止点后10°～15°，此时发动机效率最高。

2. 最佳点火提前角的确定

微机控制式点火系中，最佳点火提前角通常包括初始点火提前角、基本点火提前角和修正点火提前角三部分。

（1）初始点火提前角

初始点火提前角由发动机的结构及曲轴位置传感器的安装位置决定，是未经电控单元修正的点火提前角，通常为固定值，其大小随车型或发动机形式而异，此点火提前角一般用作发动机起动时的点火提前角。初始点火提前角一般为上止点前5°～10°。

（2）基本点火提前角

基本点火提前角是由电子控制器根据发动机的转速和负荷所确定的点火提前角，是发动机运行过程中最为主要的点火提前角，发动机在正常运行期间，ECU

根据接收到的发动机转速和负荷信号,在存储器数据表中选出相应的数据作为基本点火提前角。

(3) 修正点火提前角

修正点火提前角是指由电控制单元根据发动机的冷却液温度、进气温度、电源电压等信号,对点火提前角进行修正的角度,它主要包括暖机修正、过热修正、空燃比反馈修正、怠速稳定性修正和爆震修正等方面。

3. 点火提前角的控制

点火提前角的控制通常有开环控制和闭环控制两种方式,如图3-2-2所示。

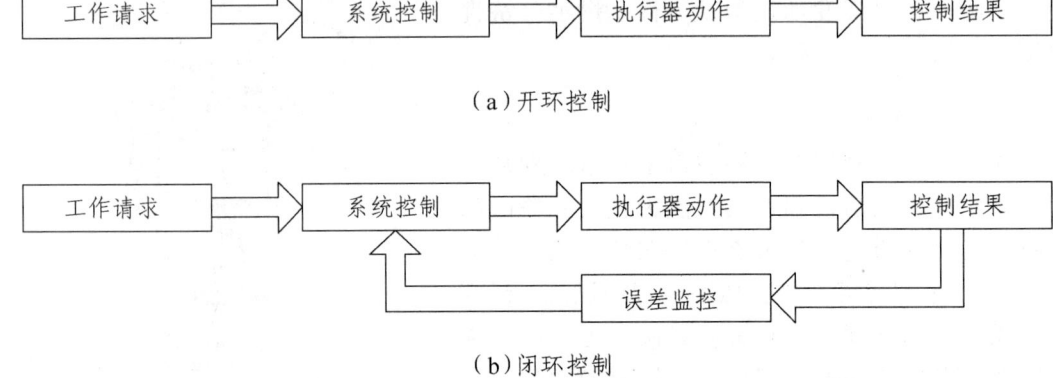

图 3-2-2 点火提前角的控制

(1) 开环控制方式

开环控制方式即电子控制器根据有关传感器提供的发动机工况信息从电控单元内部存储器(ROM)中读取出相应的基本提前角。

(2) 闭环控制方式

闭环控制方式可以在控制点火提前角的同时,不断地检测发动机的有关工况,如发动机是否发生爆震、怠速是否稳定等。

在电控点火系统中,通常采用电子控制系统取代离心提前和真空提前装置来控制点火提前。在ECU内存储有发动机在各种工况及运行条件下理想的点火提前角。点火提前角控制又可分为起动时点火提前角控制和起动后点火提前角控制。

(1) 起动时点火提前角控制

发动机起动时,按ECU内存储的初始点火提前角对点火提前角进行控制,起动时的点火提前角是固定的,一般为10°左右。

(2) 起动后点火提前角控制

发动机正常运转时,ECU根据发动机的转速和负荷信号,确定基本点火提前角,并根据其他传感器信号(如水温信号等)进行修正,最后确定实际的点火提前角,并向电子点火控制器输出点火指令信号,以控制点火系统的工作。

（二）典型微机控制式点火系统电路

1. 独立点火控制系统

独立点火控制系统是每缸一个点火线圈，每一个气缸都配有一个点火线圈，即点火线圈的数量与气缸数相等，如图 3-2-3 所示。独立点火系统通常直接安装在火花塞上方，省去了高压线。

图 3-2-3　具有独立点火控制系统的车辆

独立点火控制系统的电路如图 3-2-4 所示。在单独点火时，点火线圈也有较长的通电时间，可提供足够高的点火能量，点火系高压部件都可安装在发动机气缸盖上的金属屏蔽罩内，可大幅度降低点火系对无线电的干扰。

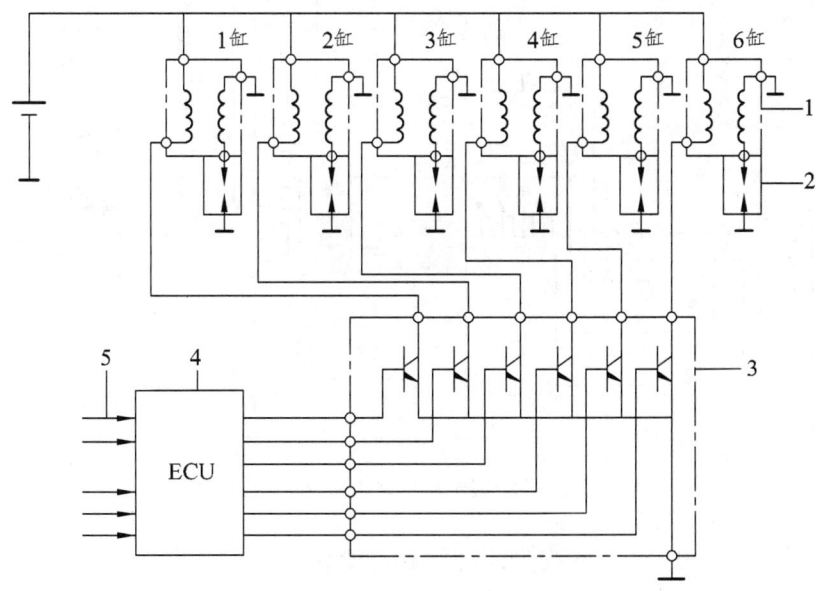

图 3-2-4　独立点火控制系统的电路

1—点火线圈；2—火花塞；3—点火器；4—ECU；5—各种传感器

2. 双缸同时点火控制系统

双缸同时点火是指点火线圈每产生一次高压电,有两个气缸的火花塞同时跳火,即双缸同时点火,如图 3-2-5 所示。

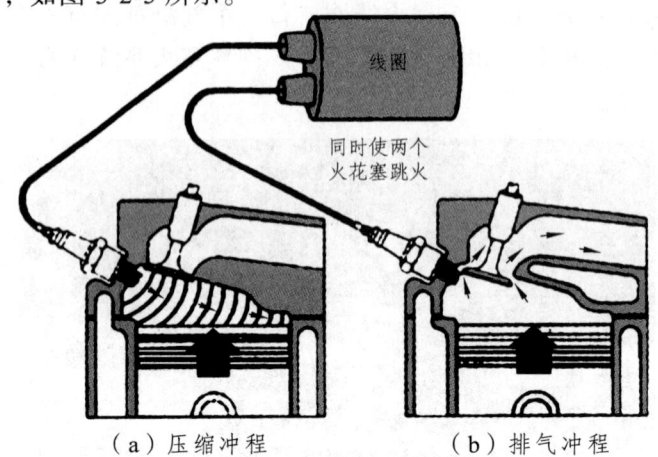

(a) 压缩冲程　　　　(b) 排气冲程

图 3-2-5　双缸同时点火控制系统

当两同步缸同时到达上止点时,火花塞跳火,其中一缸接近压缩行程上止点,为有效点火;另一缸接近排气行程上止点,为无效点火。双缸同时点火控制系统电路图如图 3-2-6 所示。

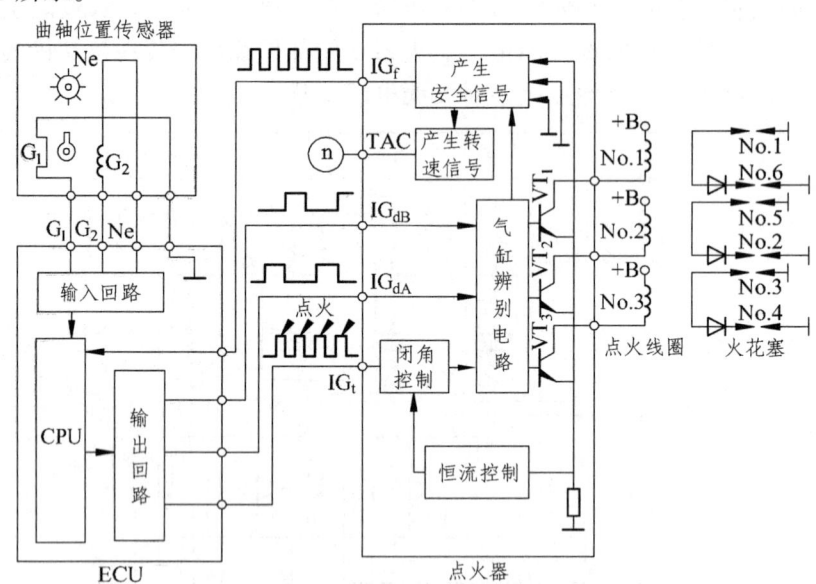

图 3-2-6　双缸同时点火控制系统电路图

二、微机控制式点火系统常见部件的检修

(一) 点火控制器的检查

对点火控制器的检查应根据其配用的信号发生器、自身的工作原理及电火系统的

电路特点,选用适当的方法进行故障检查和判断。常用的方法有以下几种:

1. 用电池电压作为点火信号进行检查

这种方法适用于配用磁感应式点火信号发生器的单功能点火控制器,其基本原理是利用干电池的电压作为点火控制器的点火输入信号,然后用万用表或试灯来大致判断点火控制器的好坏,如图 3-2-7 所示。

2. 跳火试验法

在确认低压电路各连接导线、插接器、点火线圈及点火信号发生器基本完好的情况下,可采用跳火试验法判断点火控制器是否有故障。断开点火开关,拔下分电器盖上的中央高压线,并使其端部距离缸体 5~10 mm,再拔下分电器上霍尔信号发生器的插接器,用跨接导线一端接在信号线插头上,然后接通点火开关,将跨接线的另一端反复搭铁,同时观察中央高压线端是否跳火,如跳火,说明点火控制器完好;否则,说明点火控制器有故障,应予以更换,如图 3-2-8 所示。

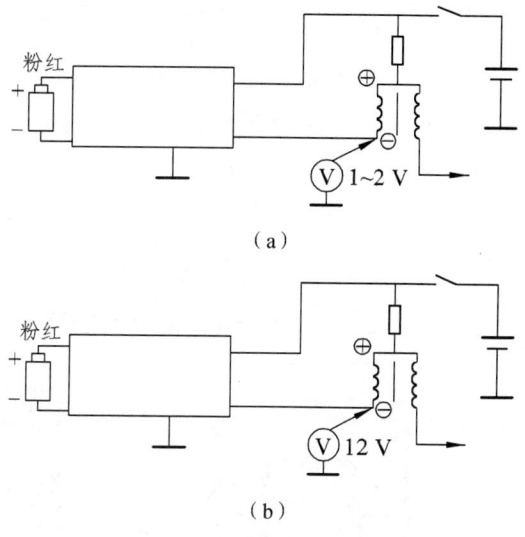

图 3-2-7 蓄电池电压检测法

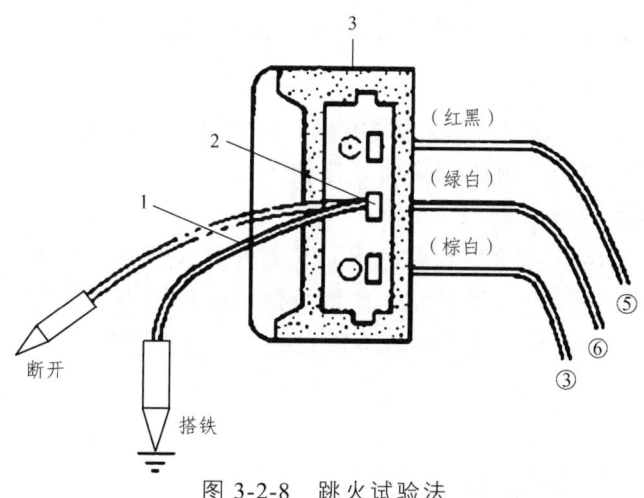

图 3-2-8 跳火试验法

1—跨接线;2—信号线插头;3—点火信号发生器插接器

3. 替换法

用同规格的点火控制器替换疑是有故障的点火控制器,如故障排除,则证明点火控制器损坏;如故障没排除,则说明原点火控制器无故障。注意:采用替换法前应排除点火系统线路故障,以防烧坏新换的点火控制器。

（二）爆震传感器的检修

爆震传感器是发动机爆震控制必不可少的传感器，如果爆震传感器及其连接线路发生故障，微机控制点火系统就不能将点火提前角控制在最佳值，发动机的动力性、经济性和排放性能都会降低，其主要检修方法如下：

1. 利用诊断仪检测

当爆震传感器发生故障时，发动机 ECU 能够检测到，并将各缸点火提前角推迟 15°运行。利用故障诊断仪，通过诊断插座可以读取此故障的有关信息，可根据故障信息的提示进行排查。

2. 用万用表检测传感器及其线路

如图 3-2-9 所示，爆震传感器电路连接及插头与插座端子位置。

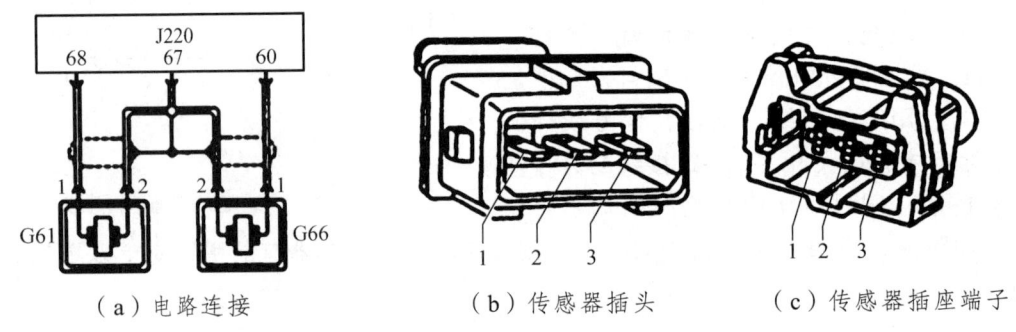

图 3-2-9 爆震传感器电路与插接器端子的排列

（1）检测传感器电阻

用万用表电阻 100 kΩ 挡检测传感器电阻。检测时，关闭点火开关，拔下传感器线束插头，检测结果应符合车辆维修资料规定值。

（2）检测传感器线路电阻

用万用表电阻 200 Ω 挡检测线束电阻时，断开点火开关，拔下控制器线束插头和传感器线束插头，检测两插头上各端子之间导线电阻应符合车辆维修手册规定值。如阻值过大或为∞，说明线束与端子接触不良或断路，应予修理。

一、实施准备

（一）实施项目

发动机不能点火起动故障诊断。

（二）实施准备

（1）根据工位数量将学生分组，每小组 6 人分工协作操作。
（2）做好车辆安全防护工作，对完工车辆进行检验，并做好现场 5S 工作。
（3）操作设备及资料清单，见表 3-2-1。

表 3-2-1　操作设备及资料清单

序号	名称	型号	数量
1	城市公交车	CK6106	1
2	车用数字万用表	DT920B	5
3	手动工具	世达 56 件/套	5
4	汽车故障解码器	KT600	5

二、实施过程

熟悉 CK6106 城市公交车发动机点火系统元件位置。查阅 CK6106 城市公交车维修手册，熟悉发动机点火系统电路。

检查点火系统的步骤如下：
（1）拆下点火线圈和火花塞。
（2）断开喷油器连接插头。
（3）检查火花塞是否有火花。

检查点火线圈的供电，拆下点火线圈连接器，打开点火开关。用万用表欧姆挡测量连接器 1 端子是否有 12 V 电压，如图 3-2-10 所示。

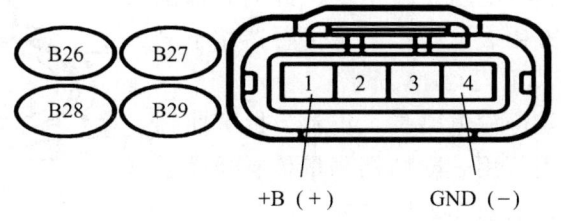

图 3-2-10　检查点火线圈供电

① 检查正时信号（IGT）的传输电路是否正常。

拆下点火线圈连接器，拆下发动机 ECM 连接器。用万用表欧姆挡测量 IGT 端子与 ECM 相应端子之间电阻，判断是否断路，如图 3-2-11 所示。

② 检查点火安全信号（IGF）的传输电路是否正常。

拆下点火线圈连接器，拆下发动机 ECM 连接器。用万用表欧姆挡测量 IGF 端子与 ECM 相应端子之间电阻，判断是否断路，如图 3-2-12 所示。

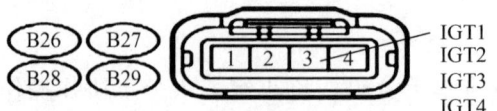

线束连接器前视图:(至ECM)

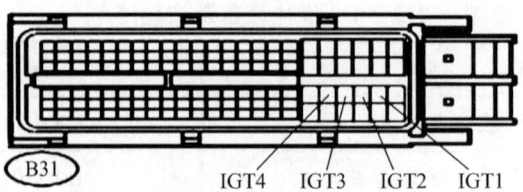

图 3-2-11 检查 IGT 电路

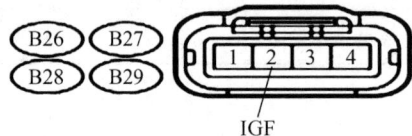

线束连接器前视图:(至ECM)

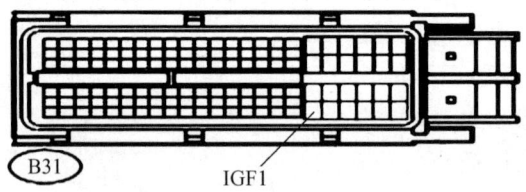

图 3-2-12 检查 IGF 电路

③ 检查曲轴位置传感器电阻是否正常。

检查曲轴位置传感器电阻是否正常,拆下曲轴位置传感器连接器,用万用表欧姆挡测量传感器端子电阻,判断是否断路,如图 3-2-13 所示。

检查曲轴位置信号传输电路是否正常,拆下曲轴位置传感器连接器,用万用表欧姆挡测量传感器端子电阻,判断是否断路,如图 3-2-14 所示。

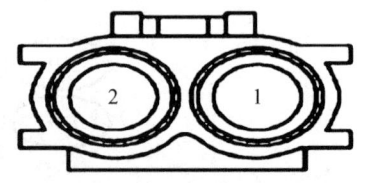

图 3-2-13 检查曲轴位置传感器

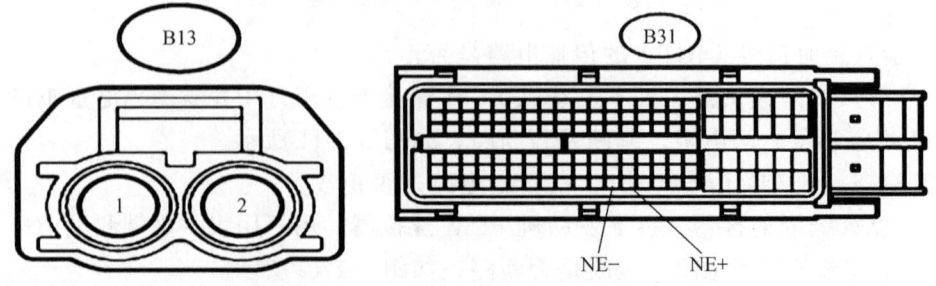

图 3-2-14 曲轴位置传感器电路检查

（4）复位车辆，进行验车检查。

任务实施学生自我评价见表 3-2-2。

表 3-2-2　学生自我评价

学习目标＼掌握程度	了解	熟悉	掌握
点火系统主要工作原理			
点火系统高压线检查实施步骤			
点火系统火花塞检查具体内容			

（1）微机控制式点火系统的点火提前角是如何控制的？
（2）微机控制式点火系统如何进行点火控制器的检查？

项目四

城市公交车辆灯光仪表系统

任务一　城市公交车辆灯光仪表认知

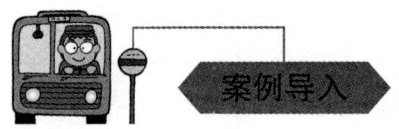

某公交运营公司新购入了一批 CNG 城市公交车，驾驶员小王被公司安排驾驶新车辆，面对琳琅满目的仪表盘，小王需要尽快熟悉并做好出车前的灯光仪表检查。

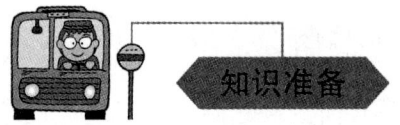

一、城市公交车辆灯光设备及组成

照明系统的作用是用以夜间车辆的内外照明，是车辆夜间行驶必不可少的照明设备。为了提高车辆的行驶速度，确保夜间行车的安全，减少交通事故和机械事故的发生，车辆上都装有多种照明设备和灯光信号装置。

车辆照明灯种类繁多，常见的车辆照明灯及信号灯用途及工作特点见表 4-1-1、表 4-1-2。

表 4-1-1　常见的车辆照明灯用途及工作特点

种类	外照明灯			内照明灯		
	前照灯	雾灯	牌照灯	顶灯	仪表灯	行李箱灯
工作时的特点	琥珀色交替闪烁	白或黄色常亮	白或红色常亮	红色常亮	白色常亮	白或橙色闪亮
用途	告知路人或其他车辆将转弯	标识车辆宽度轮廓	表明车辆已经停驶	表示已减速或将停车	告知路人或其他车辆将倒车	提示驾驶员车辆的行驶方向

表 4-1-2　常见信号灯工作时特点及用途

种类	外信号灯					内信号灯	
	转向灯	示宽灯	停车灯	制动灯	倒车灯	转向指示灯	其他指示灯
工作时的特点	琥珀色交替闪烁	白或黄色常亮	白或红色常亮	红色常亮	白色常亮	白色闪亮	白色常亮
用途	告知路人或其他车辆将转弯	标识车辆宽度轮廓	表明车辆已经停驶	表示已减速或将停车	告知路人或其他车辆将倒车	提示驾驶员车辆的行驶方向	提示驾驶员车辆的状况

城市公交车照明灯具包括外部照明灯具及内部照明灯具。外部照明灯具主要有前照灯、雾灯、牌照灯、倒车灯、制动灯、转向灯等，如图 4-1-1、图 4-1-2 所示。内部照明灯具主要有仪表灯、行李舱灯、顶灯等。汽车照明系统除了要美观、实用外，还需要满足：能保证行驶安全和符合交通法规两项要求。

图 4-1-1　CNG 城市公交车外部照明装置

图 4-1-2　CNG 城市公交车外部照明装置

（一）前照灯

前照灯俗称大灯，装于车辆头部的两侧，每辆车上装 2 只或 4 只，功率为 40～60 W。目前 CNG 城市公交车广泛采用前照灯总成，其包含远光灯、近光灯等，如图 4-1-3 所示。

图 4-1-3　CNG 城市公交车前照灯

车辆在夜间行驶时，前照灯亮度、照明距离及照射的高度都会影响行车安全。世界各国都以法律的形式规定了前照灯的照明标准，以确保夜间行车时的交通安全。其基本要求如下：

（1）适宜的照明距离，前照灯应保证车前有明亮而均匀的照明，使驾驶员能看清车前 100 m 内路面上的障碍物。

（2）应能防止眩目，前照灯在工作时，应具有防眩目功能，以免夜间两车相会时，使对方驾驶员眩目，而造成交通事故。

（二）雾　灯

雾灯安装在车头和车尾，位置比前照灯略低，用于在有雾、下雪、暴雨或尘埃等恶劣条件下改善道路的照明情况，如图 4-1-4 所示。车辆雾灯针对不同的路面有不同的要求：

（1）在高速公路上，能见度在 100～200 m 时，必须开启雾灯，时速不超过 60 km/h，与前车保持间距为 100 m 以上；能见度在 50～100 m 时，要开启雾灯，时速不超过 40 km/h，与前车车距保持在 50 m 及以上。

（2）在城区一般公路上并未做出相应规定，因为城区道路行驶本身由于各种车流混杂，车速并不快，加之各种路段有不同程度的限速，即使没有安装雾灯，只要谨慎驾驶也能够避免因低能见度带来的不利影响。

图 4-1-4　CNG 城市公交车前雾灯

（二）倒车灯

倒车灯安装在车辆的尾部，功率为 21 W，光色为白色，如图 4-1-5 所示。当变速器挂倒挡时，自动发亮，照明车后侧，同时提醒后方车辆及行人注意。

图 4-1-5　CNG 城市公交车倒车灯

（四）转向灯

主转向灯一般安装在车辆尾部左右两侧，用来指示车辆行驶趋向，如图 4-1-6 所示。汽车两侧中间装有侧转向灯，颜色为琥珀色，灯光呈闪烁状。

图 4-1-6　CNG 城市公交车转向灯

（五）刹车灯

刹车灯又称"制动灯"，均装在车辆后面，如图 4-1-7 所示。制动灯的用途是在车辆制动停车或减速行驶时，向车后发出灯光信号，以警告尾随的车辆或行人。制动灯规定为醒目的红色光，国家标准要求该灯在夜间应能明显照亮 100 m 以外物体。灯泡功率应在 20 W 以上。

图 4-1-7　CNG 城市公交车制动车

（六）仪表灯

仪表灯用于夜间行车时仪表的照明，安装在仪表板总成内，以便于驾驶员观察车辆和发动机的工作情况，如图 4-1-8 所示。

图 4-1-8　CNG 城市公交车仪表灯

二、城市公交车仪表系统

仪表的作用是监测车辆的运行状况，使驾驶员随时观察与掌握车辆各系统工作状态的相关信息，同时也是维修人员发现和排除故障的重要工具。为保证驾驶员能充分实时的观察，故而在驾驶室装有仪表板，各种仪表均以组合式仪表盘布置在驾驶室内，如图 4-1-9 所示。

图 4-1-9

（一）车辆仪表的类型

1. 传统式仪表

传统式仪表主要是基于机械作用力而进行工作的仪表，如图 4-1-10 所示，目前已基本淘汰。

图 4-1-10　机械式仪表

2. 电子仪表

电子仪表是基于电测原理，通过各种传感器将被测的非电量信号转变为模拟信号加以测量，这些仪表多采用模拟电子电路对传感器信号进行处理，以指针或发光二极管显示，如图 4-1-11 所示。

图 4-1-11　电子式仪表

3. 数字式仪表

数字式仪表是以微处理器为核心的电子仪表系统,是基于车辆 ECU 采集传感器信号,经分析处理后控制显示装置的仪表。目前 CNG 城市公交车广泛采用数字式仪表,功能完整的电子仪表系统所能显示的信息包括车辆状况信息、行驶信息、安全警告信息及其他通信信息,如图 4-1-12 所示。

图 4-1-12　数字式仪表盘

(二)仪表模块组成

以某 CNG 城市公交车仪表组合为例,来分别介绍仪表各模块的组成及含义,如图 4-1-13 所示。

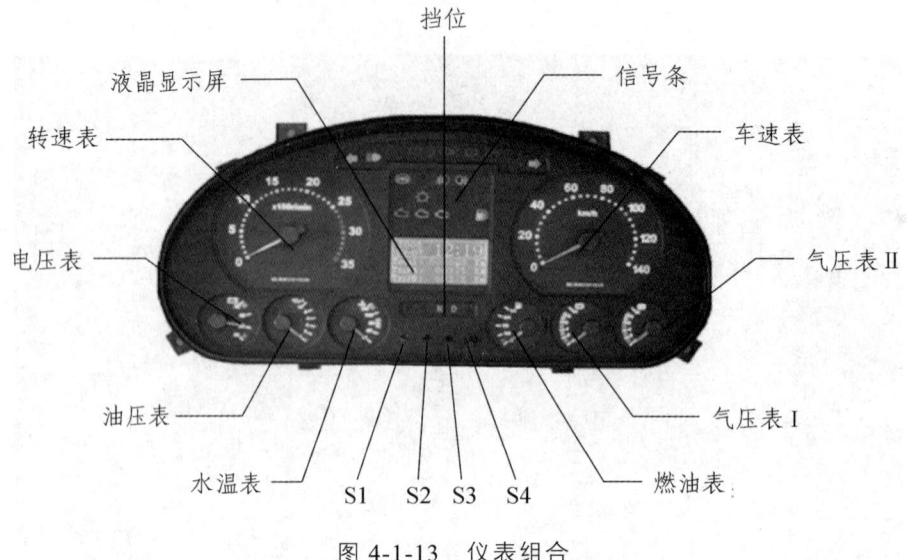

图 4-1-13 仪表组合

1. 转速表

转速表的主要作用是显示发动机每分钟的转数,单位为 r/min(转/分)。便于驾驶员检查调整和监视发动机的工作状况,更好地掌握换挡时机,利用经济车速行驶。

目前 CNG 城市公交车上主要采用电子式转速表。其特点是指示平稳、结构简单、安装方便。发动机转速表由信号源、电子电路和指示表三部分组成。其转速信号一般取自点火系统的初级电路,电路如图 4-1-14 所示。

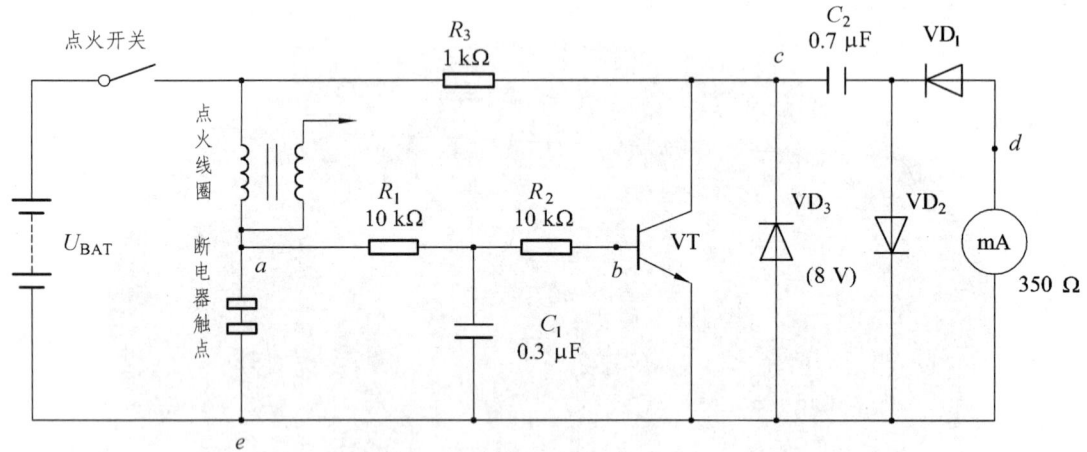

图 4-1-14 发动机转速信号电路

2. 显示屏

CNG 城市公交车上主要采用液晶显示屏,驾驶员可以根据需求选择数据显示及参数设置。其主要显示数据及相关参数设置如图 4-1-15 所示。

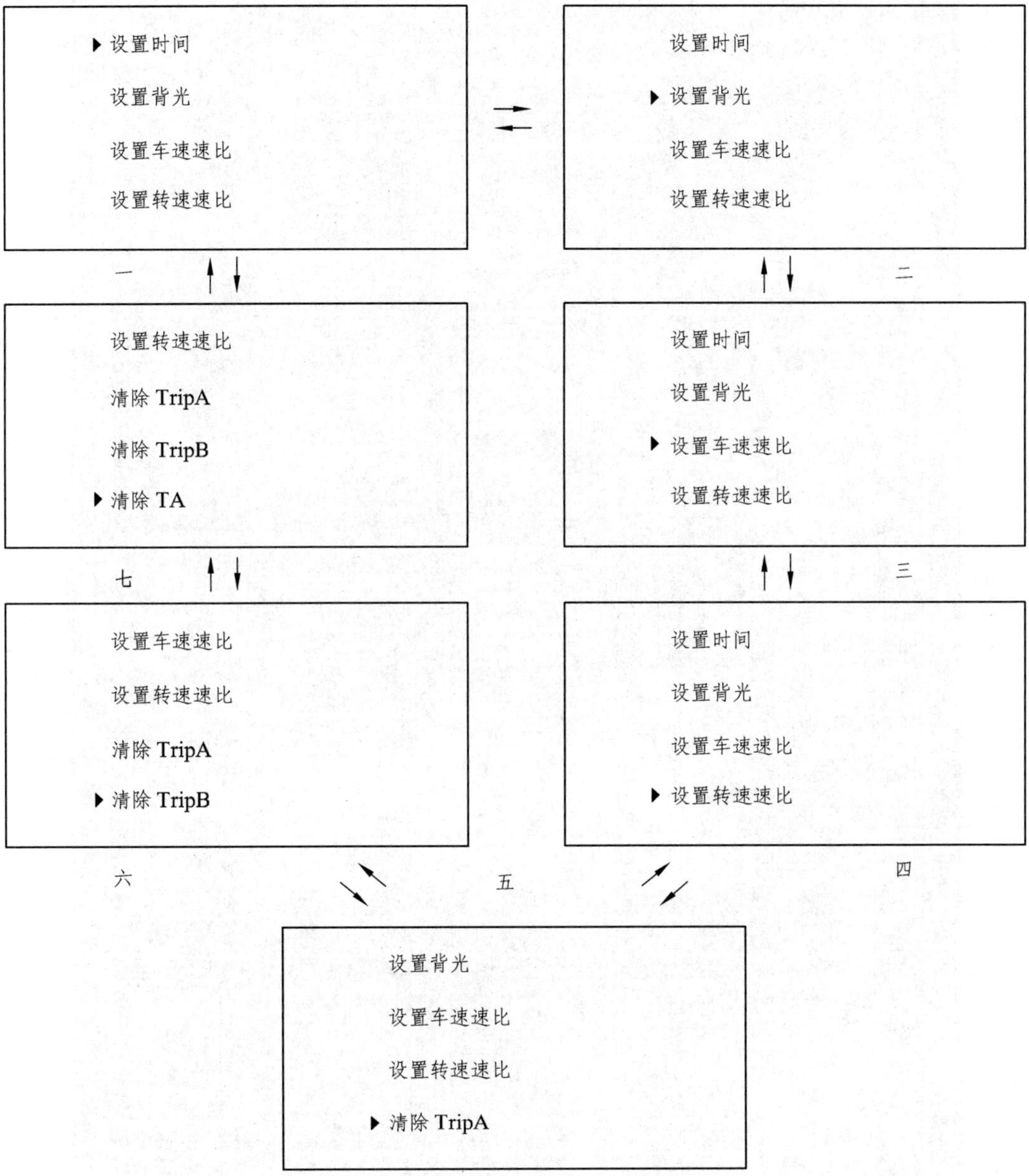

图 4-1-15 显示屏参数设置

3. 信号条

信号条用于显示车辆运行过程中的各种参数，当车辆状况出现异常时，相应指示灯亮起，如图 4-1-16 所示。

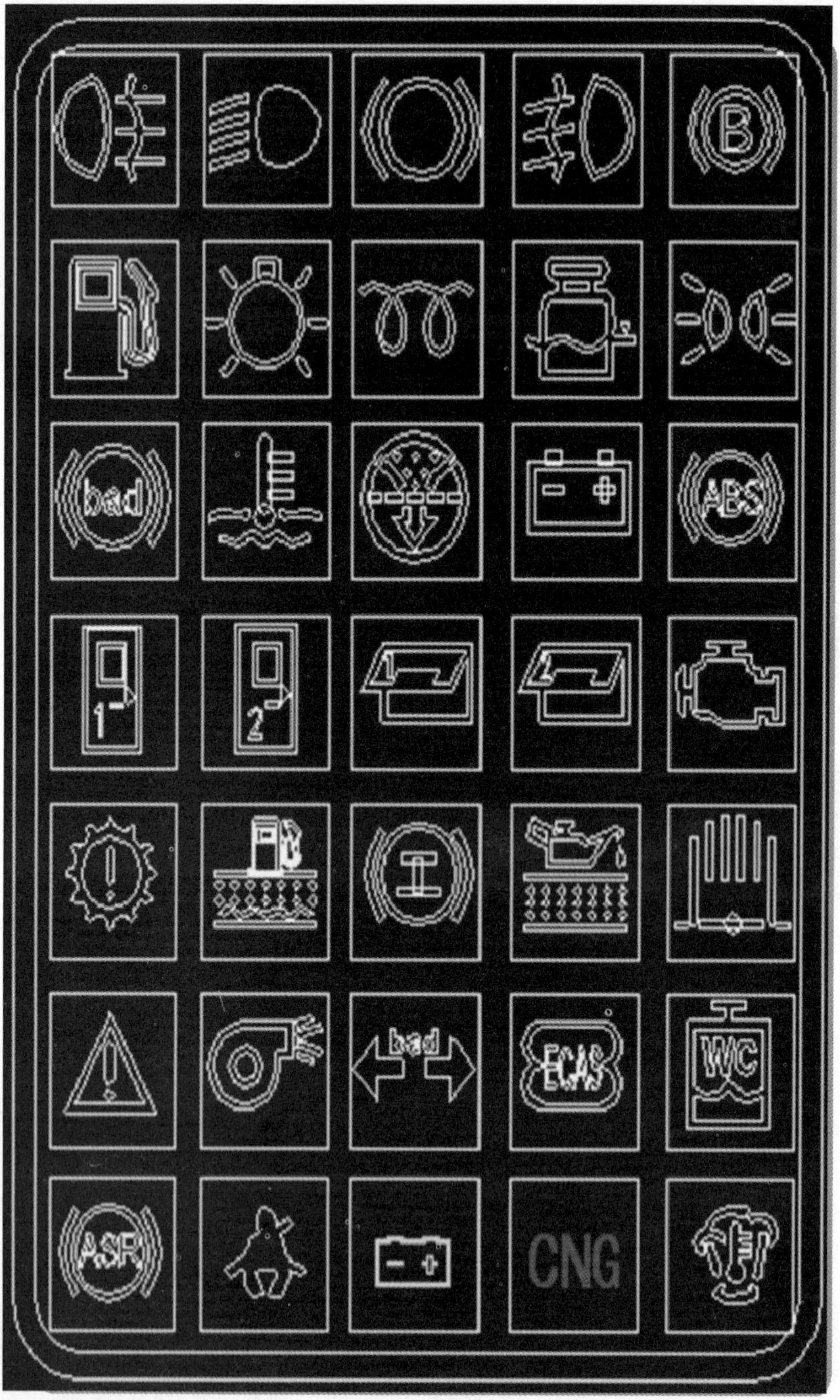

图 4-1-16 信号条及显示的信息

信号显示条上各仪表指示灯名称含义及相应的工作状态，见表 4-1-3。

表 4-1-3　各指示灯含义

指示灯名称	指示灯含义	工作状态
后雾灯	后雾灯开启时指示灯亮	受小灯控制
近光指示灯	近光灯开启时指示灯亮	
刹车指示灯	制动灯开启时指示灯亮	踩下制动踏板时，制动气压开关闭合，刹车继电器导通，制动灯及刹车指示灯亮；缓速器工作时，制动灯及刹车指示灯也亮
前雾灯	前雾灯开启时指示灯亮	受小灯控制
刹车片磨损指示灯	刹车片磨损达到极限值时亮	
燃油油量指示灯	燃油油量少时指示灯亮	
灯光总开关指示灯	超车灯打开时，指示灯亮	
发动机预热指示灯	发动机处于预热工作状态时指示灯亮	发动机预热完成后指示灯熄灭
副水箱水位不足警告灯	副水箱水位不足时指示灯亮	
示廓灯指示	开启示廓灯时指示灯亮	
制动灯故障指示	制动灯故障时指示灯亮	
水温过高指示灯	发动机水温过高时指示灯亮	
空滤器阻塞警告灯	当空滤器脏堵，引起进气压力下降时，警告灯亮	
充电指示灯	当蓄电池处于充电状态时指示灯亮	
ABS 指示灯	ABS 工作状态指示	点火开关旋至 ON 时，ABS 自检，瞬时亮 3S 后熄灭。若 ABS 指示灯一直亮或不停地闪烁，指示灯不灭，说明系统有故障
前门打开指示灯	前门打开时指示灯亮	
后门打开指示灯	后门打开时指示灯亮	
后舱门指示灯	后舱门打开时指示灯亮	后舱门打开时发动机不能起动
侧舱门指示灯	侧舱门打开时指示灯亮	
发动机等待起动指示	发动机等待起动时指示灯亮	
变速箱故障灯	变速箱故障时指示灯亮	
燃油滤清器积水指示灯	燃油滤清器积水预警	
缓速器工作指示灯	缓速器工作时指示灯亮	

续表

指示灯名称	指示灯含义	工作状态
机油堵塞指示灯	机油堵塞时指示灯亮	
排气制动指示灯	排气制动系统工作时指示灯亮	
危险信号指示灯	车辆发生严重故障时指示灯亮	
干燥器指示灯	干燥器对压缩空气加热时指示灯亮	
转向信号故障灯	转向信号故障时指示灯亮	
气囊警告灯	ECAS系统故障时警告灯亮	
卫生间使用指示灯	卫生间使用中指示灯亮	
ASR指示灯	ASR系统工作状态检测	点火开关在ON时，自检，亮3s后熄灭
安全带指示灯	驾驶员未系安全带时指示灯亮	
充电指示灯	发电机工作状态指示灯	当蓄电池处于放电状态时，指示灯亮，当发电机供电，蓄电池处于充电时，指示灯熄灭
燃气量过低警告灯	当燃气量压力过低时指示灯亮	
发动机舱温度过高警告灯	发动机舱温度过高时候指示灯亮	

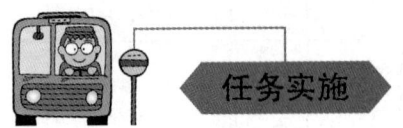

一、实施项目

城市公交车的灯光、仪表检查及使用。

二、实施准备

（1）根据工位数量将学生分组，每小组6人分工协作操作。
（2）做好车辆安全防护工作，对完工车辆进行检验，并做好现场5S工作。
（3）操作设备及资料清单，见表4-1-4。

表4-1-4 操作设备及资料清单

序号	名称	型号	数量
1	城市公交客车整车	CK6106	2
2	城市公交客车使用手册	CK6106	5

三、实施过程

（一）车辆外部灯光检查

车辆灯光检查由两人配合完成，一人在驾驶室内操纵灯光开关，同时检查开关、仪表警示灯、室内灯的使用状况；另一人在车外前后、左右观察各种灯光的工作情况，并通过手势与室内人员沟通。灯光检查耗电量较大，作业时发动机应处于运转状态。

1. 示宽灯、尾灯、牌照灯、仪表照明灯检查

将灯光总开关置于小灯位置，车前观察示宽灯点亮状况，车后观察尾灯和牌照灯的点亮状况，同时室内观察仪表照明灯的点亮状况。

2. 大灯远光检查

将灯光总开关从近光位置向下推到远光位置（上下之间的下位），车前观察大灯远光的点亮状况，在仪表盘上观察远光指示灯的点亮状况。

3. 大灯近光检查

将灯光总开关从小灯位置置于大灯位置，且开关上下处于近光位置（上下之间的中位），车前观察大灯近光的工作状况。

4. 转向灯及转向开关自动回位检查

将点火开关置于ON位置，转向开关置于左侧转向位置，观察车辆左侧前、后、侧面转向灯的点亮状况，同时观察仪表盘左侧转向指示灯的点亮状况，将方向盘向右侧转动，检查转向开关是否能自动回位。按照同步骤将转向开关置于左侧转向位置，检查右侧转向灯的点亮状况。

5. 危险信号灯检查

按下危险信号开关，观察车辆前后、左右所有的转向灯是否点亮，仪表盘上的危险信号指示灯是否点亮。

6. 制动灯检查

将灯光总开关置于小灯位置，踩下制动踏板，观察车辆后方制动灯（包含高位制动灯）是否点亮。

7. 倒车灯检查

点火开关置于ON位置（有的车型不用），变速手柄置于倒挡位置，车后观察倒车指示灯是否点亮。

8. 防雾灯检查

将灯光总开关置于小灯位置，打开雾灯开关，观察雾灯的点亮状况。

9. 超车灯光检查

将灯光总开关置于 OFF 位置，上拉开关置于闪光位置，（上下之间的上位），车前观察大灯是否闪亮，观察仪表盘上远光指示灯是否闪亮。

（二）室内照明灯及仪表警示灯检查

1. 室内照明灯检查

将室内照明灯开关由 OFF 位置旋至 ON 位置，观察室内照明灯的点亮状况，然后将开关置于 DOOR 位置。

2. 仪表警示灯检查

正确起动发动机，观察所有警示灯是否同时亮起，自检后除驻车制动器指示灯之外的所有警示灯是否熄灭。

复位车辆，做好现场 5S 工作。

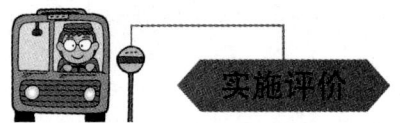

任务实施学生自我评价见表 4-1-5。

表 4-1-5　学生自我评价

学习目标＼掌握程度	了解	熟悉	掌握
车辆信号灯组成			
车辆仪表显示内容			
车辆灯光、仪表的检查			

（1）车辆常规配置有哪些灯光？

（2）车辆仪表主要显示了哪些信息？

项目四 城市公交车辆灯光仪表系统

任务二 城市公交车辆前照灯故障检修

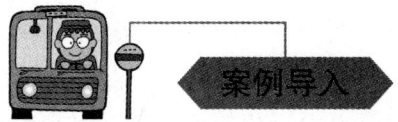

一辆城市公交车在夜间行驶时,驾驶员在开启前大灯后发现左前大灯不亮,作为驾驶员对此故障进行常规检测,分析故障原因并及时报修。

一、前照灯的组成

车辆前照灯是城市公交车辆灯光系统的重要组成部分,前照灯一般由远光灯及近光灯组成,其工作控制电路如图 4-2-1 所示。前照灯的灯光系统包括反射镜、配光镜和灯泡三部分。

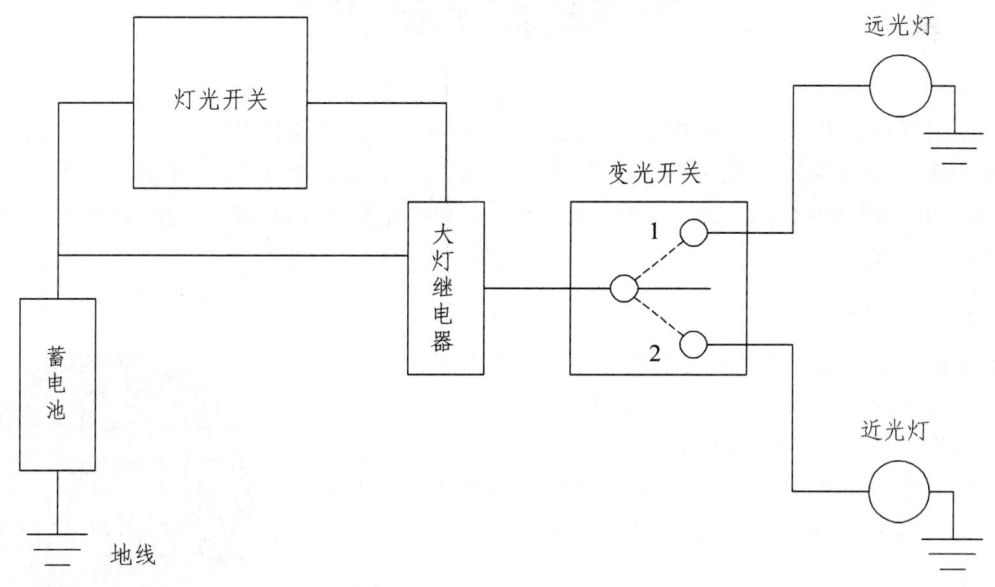

图 4-2-1 车辆前照灯控制电路

1. 远光灯

当驾驶员打开灯光开关并将变光开关调至图 4-2-1 中 1 位置时，电流由蓄电池正极、大灯继电器、变光开关 1、远光灯至车身搭铁回到蓄电池负极，形成回路，远光灯发亮。

2. 近光灯

当驾驶员打开灯光开关并将变光开关调至图 4-2-1 中 2 位置时，电流由蓄电地正极、大灯继电器、变光开关 2、近光灯至车身搭铁回到蓄电池负极，形成回路，近光灯发亮。

3. 反射镜

反射镜一般用 0.6～0.8 mm 的薄钢板冲压而成，其表面形状呈旋转抛物面，如图 4-2-2 所示。

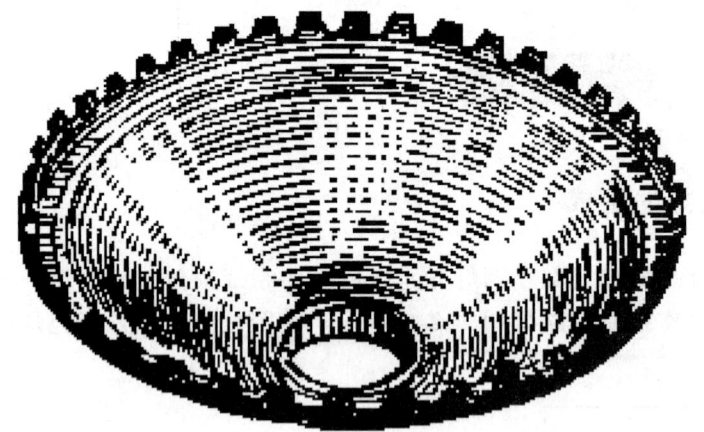

图 4-2-2 反射镜

反射镜的作用是将灯泡的光线聚合并导向前方，反射镜的反射面采用真空镀铝使光度增强，经反射镜反射后变平行光束射向选方，使光度增强几百倍甚至上千倍，可达 20 000～40 000 Cd 以上，从而使车辆前方 150 m 甚至 400 m 内的路面被照反射光变得足够清楚。

4. 配光镜

配光镜又称为散光玻璃，用透光玻璃压制而成，是很多块特殊校镜和透镜的组合，其几何形状比较复杂，外形一般为圆形或矩形，如图 4-2-3 所示。

配光镜的作用是将反射镜反射出的平行光束进行折射，使车前路面和路缘都有良好而均匀的照明。

5. 灯 泡

目前，车辆前照灯的灯泡常用的有白炽灯泡和卤钨灯泡两种。

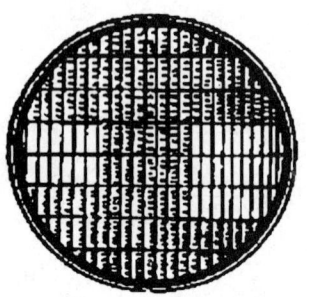

图 4-2-3 配光镜

如图 4-2-4 所示，白炽灯泡为了缩小灯丝的尺寸，常把灯丝制成紧密的螺旋状，这对聚合平行光束是有利的。

卤钨灯泡是利用卤钨再生循环反应的原理制成的，如图 4-2-5 所示。

图 4-2-4　白炽灯泡　　　　　　　图 4-2-5　卤钨灯泡

卤钨再生循环的基本过程是：从灯丝上蒸发出来的气态钨与卤素反应生成了一种挥发性的卤化钨，它扩散到灯丝附近的高温区又受热分解，使钨重新回到灯丝上，被释放出来的卤素继续扩散参与下一次循环反应，如此周而复始地循环下去，从而防止了钨的蒸发和灯泡的黑化现象，有效延长了灯泡的使用寿命。

二、前照灯的工作原理

前照灯通常采用双丝灯泡，分别是远光灯丝和近光灯丝；有三个插脚，分别是远光灯插脚、近光灯插脚和公共脚，如图 4-2-6 所示。当灯控开关处于 HEAD 挡，调光器开关调至 HIGH 挡时，电流通过公共脚和远光脚，远光灯丝发亮；调光器开关调到 LOW 挡时，电流通过公共脚和近光脚，近光灯丝发亮。

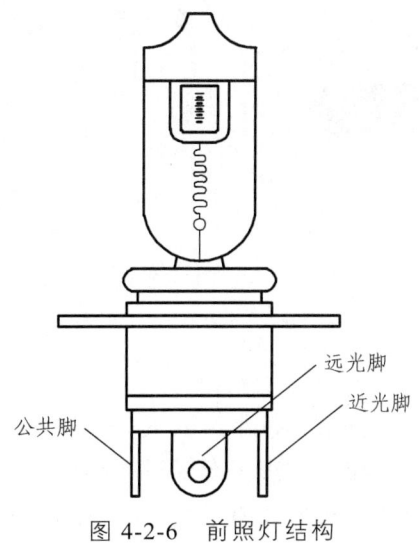

图 4-2-6　前照灯结构

三、前照灯的检测

前照灯检测是车辆安全性能检测的重要项目。目前，前照灯的检测主要采用屏幕法或前照灯校正仪检测。前照灯检验不合格主要体现在以下三方面：

1. 左、右前照灯发光强度均偏低

（1）检查前照灯反光镜的光泽是否明亮，如果昏暗或镀层剥落或发黑，则应予以更换。

（2）检查灯泡是否老化，质量是否符合要求，如果老化或质量不符合要求，则光度偏低者应进行更换。

（3）检查蓄电池端电压是否偏低，如果端电压偏低，则应先充足电再进行检测。仅靠蓄电池供电，前照灯发光强度一般很难达到标准的规定，检测时发电机应供电。

2. 左、右前照灯发光强度不致

检查发光强度偏低的前照灯的反射镜光泽是否灰暗、灯泡是否老化、质量是否符合要求，一般故障原因多为搭铁线路接触不良。

3. 前照灯光束照射位置偏斜

前照灯安装位置不当或因强烈振动而错位致使光束照射位置偏斜，应予以调整。前照灯光束照射位置偏斜的调整可在前照灯检测仪上进行。

根据检测标准，在检测调整光束照射位置时，对远、近双光束灯以检测调整近光光束为主。如果是制造质量合格的灯泡，则近光调整合格后，远光光束般也能合格；若近光光束调整合格后，经复核远光光束照射方向不合格，则应更换灯泡。

一、实施项目

前照灯的检测。

二、实施准备

（1）根据工位数量将学生分组，每小组 6 人分工协作操作。

（2）做好车辆安全防护工作，对完工车辆进行检验，并做好现场 5S 工作。

（3）操作设备及资料清单，见表 4-2-1。

表 4-2-1　操作设备及资料清单

序号	名称	型号	数量
1	实训用城市公交客车整车	CK6106	2
2	城市公交客车维修手册	CK6106	5
3	车用数字万用表	DT920B	5
4	试电笔		5
5	常用工具	世达 56 件/套	5

三、实施过程

（一）前照灯检测流程

前照灯检测流程如图 4-2-7 所示。

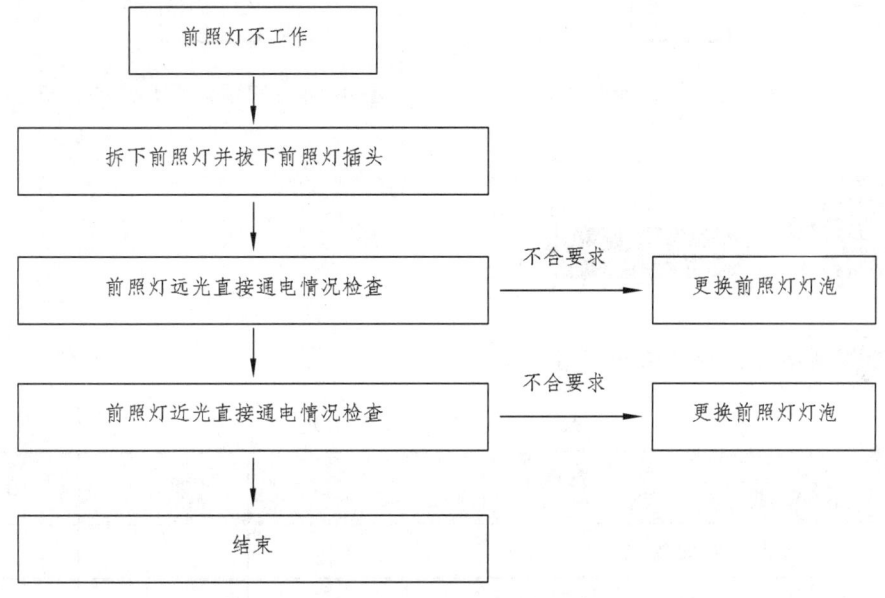

图 4-2-7　前照灯检测流程图

（二）检查前照灯的工作情况

1. 检查前照灯远光灯的工作情况

（1）将点火开关拧至 OFF 位置。

（2）拆下前照灯灯泡。

（3）将蓄电池正极（+）与前照灯公共脚连接，将蓄电池负极（-）与前照灯远光脚连接，如图 4-2-8 所示。检查前照灯远光灯丝是否发亮，如果远光灯不亮，则应更换前照灯灯泡。

2. 检查前照灯近光灯的工作情况

将蓄电池正极（+）与前照灯公共脚连接，将蓄电池负极（-）与前照灯近光脚连接，如图 4-2-9 所示。检查前照灯近光灯丝是否发亮，如果近光灯不亮，则应更换前照灯灯泡。

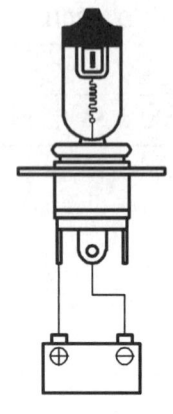   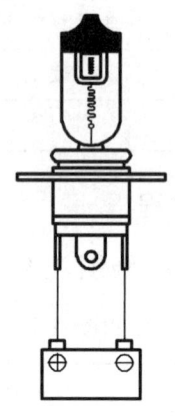

图 4-2-8　前照灯远光灯的检查　　　图 4-2-9　前照灯近光灯的检查

任务实施学生自我评价见表 4-2-2。

表 4-2-2　学生自我评价

学习目标 掌握程度	了解	熟悉	掌握
前照灯的组成			
前照灯常见故障检测及情况分析			
前照灯检修			

（1）前照灯的主要组成部件有哪些？
（2）绘制前照灯的检测流程图。

项目五

纯电动城市公交车辆车身电气设备

任务一 纯电动城市公交车辆车身电气设备认知

某公交运营公司新购入一批纯电动城市公交车,小王被安排驾驶该型号车辆运行,需要他对该车电气系统尽快熟悉并能正确地进行日常维护。

一、纯电动城市公交车电气系统的组成

纯电动城市公交车是新能源汽车的一类,其对城市公共交通倡导的低碳出行、绿色出行和清洁环保起到重要的作用。电动城市公交车电气系统一般包括包括低压电气系统、高压电气系统和整车控制系统,如图 5-1-1 所示。

高压电气系统:由动力电池/燃料电池、驱动电机和功率转换器等大功率、高电压电气设备组成。其主要作用是根据车辆行驶的功率需求完成从动力电池或燃料电池到驱动电动机的能量变换与传输过程。

低压电气系统:用直流 12 V 或 24 V 电源,一方面为灯光、刮水器等车辆的常规低压电器供电;一方面为整车控制器、高压电气设备的控制电路和辅助部件供电。

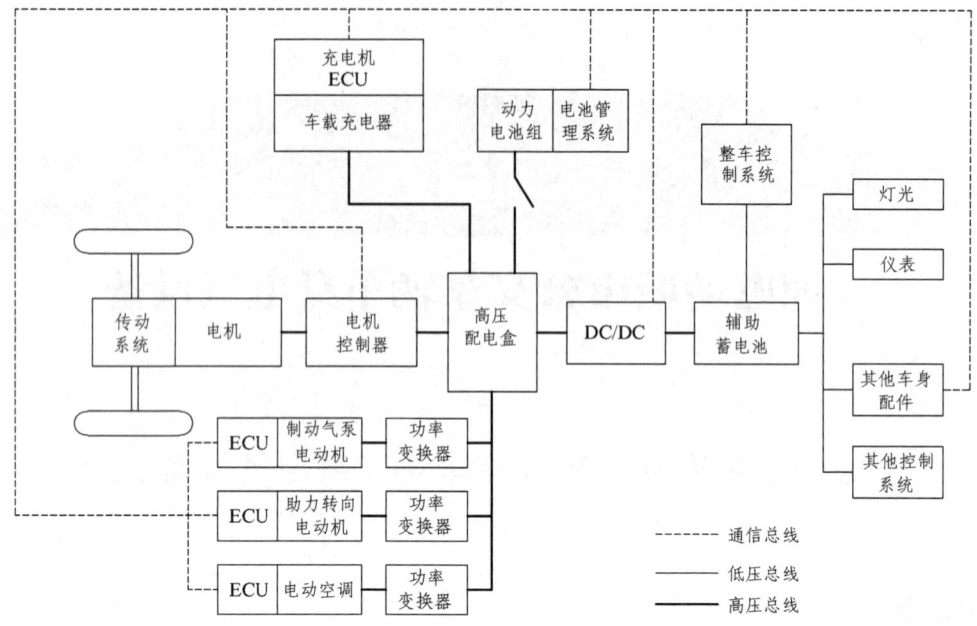

图 5-1-1 纯电动城市公交车电气系统的组成

整车控制系统：协调控制各种电气设备的工作。现代纯电动城市公交车广泛采用 CAN 总线控制技术，将各个分系统（模块）通过通信方式连接，从而实现整车的控制，如图 5-1-2 所示。

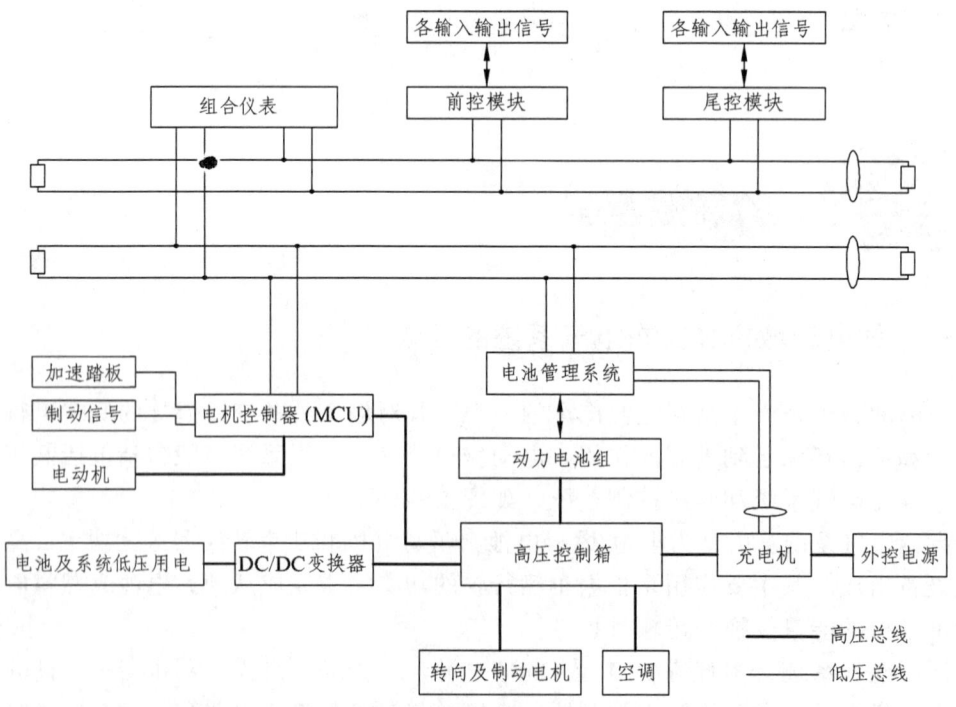

图 5-1-2 CAN 总线控制的电气系统结构原理图

（一）动力电池组

纯电动城市公交车以动力电池组作为车载电源，用周期性的充电来补充电能，如图 5-1-3 所示。

图 5-1-3　动力电池组

动力电池组是纯电动城市公交车的关键装备，其储存的电能、质量和体积，对车辆性能起决定性影响。动力电池组提供 155～380 V 的高压直流电，是供电机工作的唯一动力电源。空调系统的空压机，动力转向系统的油泵和制动系统的真空泵等，也需要动力电池组提供动力电能。同时，动力电池组通过 DC/DC 转换器，供应 12 V 或 24 V 低压电，并储存到低压电池组中，作为仪表、照明和信号装置等工作的电源。

目前，动力电池主要为磷酸铁-锂离子电池、锂聚合物电池、锌-空气电池和铝-空气电池等，其比能量和比功率都比铅酸电池高，大大提高了纯电动城市公交车的动力性能和续驶里程。但需要复杂的电池管理系统和温度控制系统。

（二）驱动电机

驱动电机是驱动纯电动城市公交车行驶的唯一动力装置，如图 5-1-4 所示。

图 5-1-4　驱动电机

驱动电机主要有直流电动机、交流电动机、永磁电动机和开关磁阻电动机等类型。再生制动是纯电动客城市公交车节能的重要措施之一。制动时电动机可实现再生制动，一般可回收 10%～15%的能量，有利于延长车辆行驶里程。在制动系统中，还保留常规制动系统和 ABS 制动系统，以保证车辆在紧急制动时有可靠的制动性能。

（三）功率转换器

功率转换器可分为直流/直流（DC/DC）变换和直流/交流（DC/AC）变换两类，如图 5-1-5 所示。电动城市公交车电气系统中的功率转换器主要是 DC/DC 变换器，它是实现电气系统电能变换和传输的重要电气设备。主要功能是给车灯、ECU、小型电器等车辆附属设备电源供电与充电。

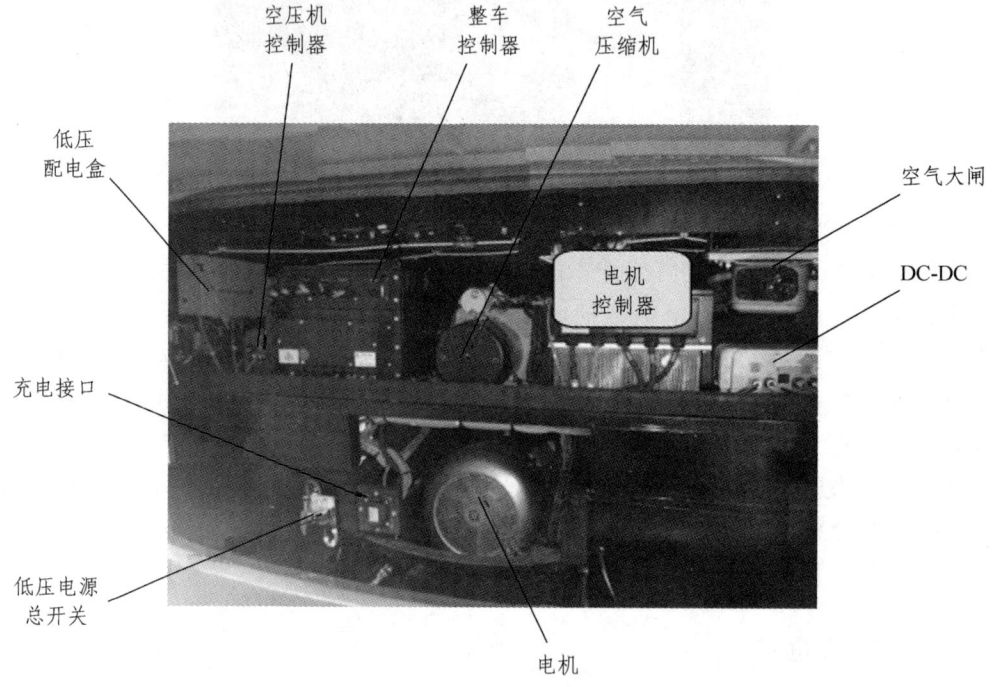

图 5-1-5　DC/DC 功率转换器

（四）控制系统

控制系统主要是对动力电池组的管理和对电动机的控制。将加速踏板、制动踏板机械位移的行程量转换为电信号，输入中央控制器，通过动力控制模块控制驱动电动机运转。计算动力电池组剩余电量和剩余续驶里程。对整车低压系统的电子、电器装置进行控制。采用各种各样的传感器、报警装置和自诊断装置等，对整个动力电池组-功率转换器-驱动电动机系统进行监控并及时反馈信息和报警。

二、纯电动城市公交车控制系统工作流程

（一）起动过程

当钥匙打到"ACC"挡位时，车辆部分电器如音响系统，视频系统等娱乐系统启动。

当钥匙达到"ON"挡位时，此时需要对车辆的部分系统进行供电，此时多数车辆低压辅助系统全部工作，为高压启动进行准备工作。

当钥匙打到"ST"挡时，车辆高压启动系统开始工作，进行一系列预充电和自检后将主接触器接通，启动高压系统，如图 5-1-6 所示。

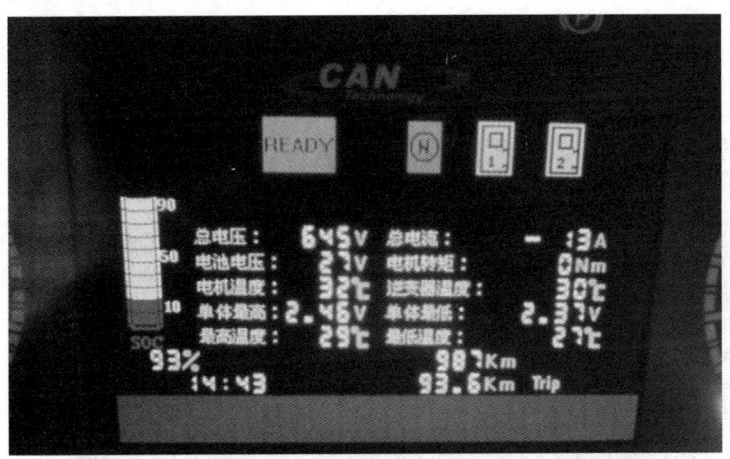

图 5-1-6　纯电动城市公交车高压电接通时信息显示

为了保证车辆安全，还要进行一系列绝缘监测、电池系统检测以及主电机控制器等检测，这些检测通过之后，车辆方能进入可行驶状态。

（二）行驶过程

为了保障安全，车辆在行驶中需要随时监测各种参数，如电量参数、温度参数、电压参数、绝缘性能、车辆其他关键辅助系统的参数等，这些参数将影响车辆的行驶功能、行驶距离和行驶安全。纯电动城市公交车尤其注重安全性能。为了保证安全行驶，电量参数、温度参数、电压参数及绝缘性能均设有两级报警，如图 5-1-7 所示。

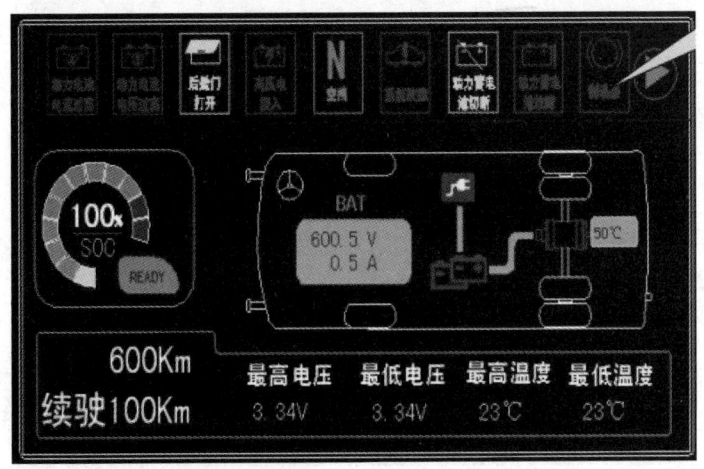

图 5-1-7　行驶过程中仪表参数显示状态

(三）充电过程

在充电时需要对电量参数、温度参数、电压参数及绝缘性能进行检测。一旦有部分系统参数出现故障，就会提示断开充电系统，停止充电，避免出现安全隐患，如图5-1-6所示。

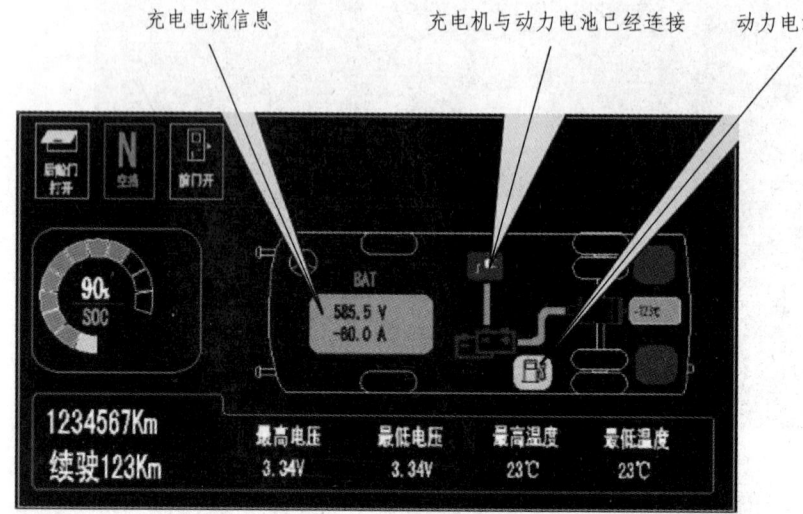

图 5-1-8　充电时仪表参数信息显示

一、实施项目

纯电动城市公交车的认知与使用（以宇通客车E7纯电动公交车为例）。

二、实施准备

（1）根据工位数量将学生分组，每小组6人分工协作操作。
（2）做好车辆安全防护工作，对完工车辆进行检验，并做好现场5S工作。
（3）操作设备及资料清单，见表5-1-1。

表 5-1-1　操作设备及资料清单

序号	名称	型号	数量
1	实训用纯电动城市公交客车整车	CK6106	2
2	纯电动城市公交客车使用手册	CK6106	5

三、实施过程

（一）纯电动城市公交车的认知

（1）认知车辆驾驶操纵台，如图 5-1-9 所示。

图 5-1-9　宇通 E7 驾驶操纵台

（2）认知空调及挡位开关，如图 5-1-10 所示。

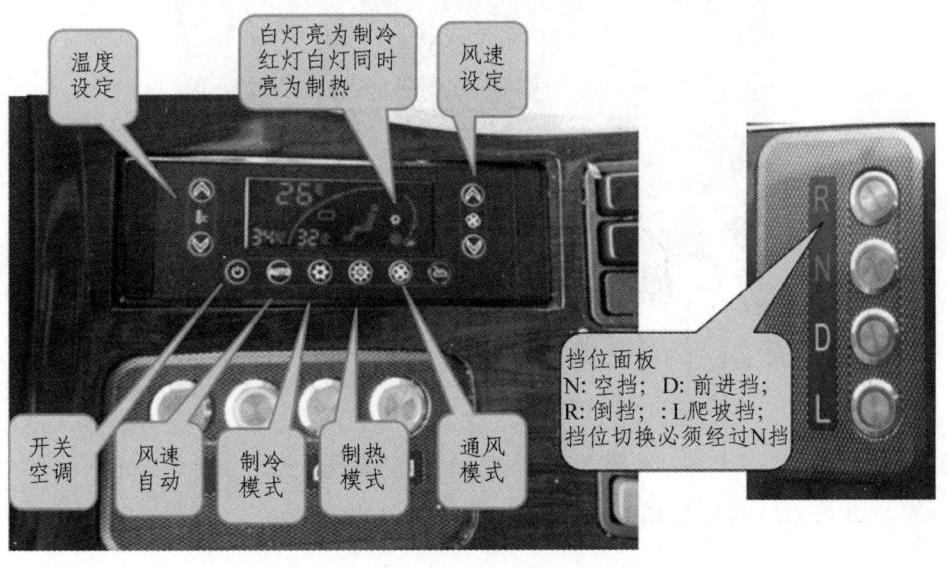

图 5-1-10　宇通 E7 空调及挡位开关

（3）认知翘板开关，如图 5-1-11 所示。

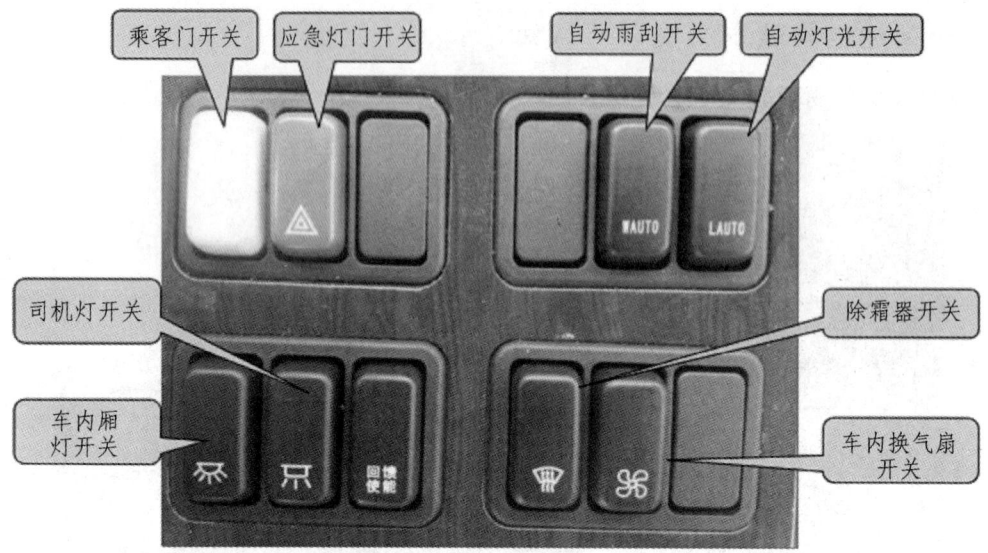

图 5-1-11　宇通 E7 各翘板开关

（4）认知仪表盘各显示状态，如图 5-1-12 所示。

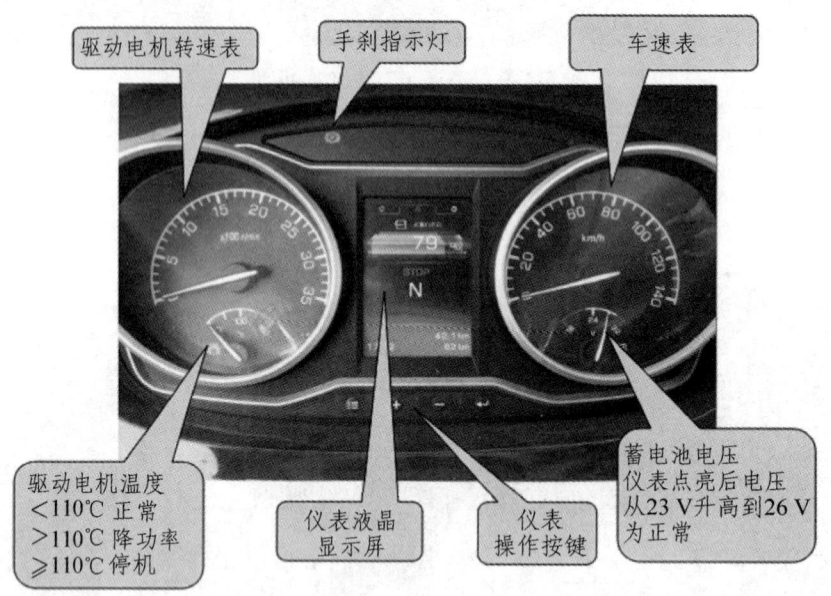

图 5-1-12　宇通 E7 仪表盘

（5）打开后舱，认知后舱布置，如图 5-1-13 所示。

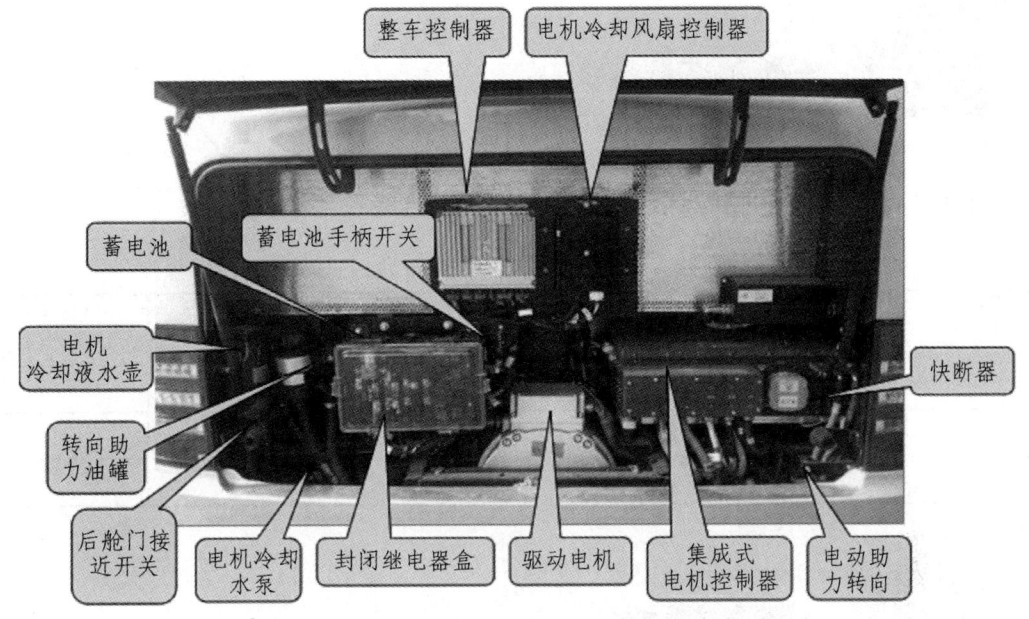

图 5-1-13　宇通 E7 后舱布置图

（二）纯电动城市公交车辆的驾驶

1. 车辆起动

整车上电，打开钥匙，直到仪表灯点亮，自检正常后方可起动，禁止打开点火锁直接起动。断电时，必须等待仪表完全熄灭后间隔 5 s 以上，才能再次上电，不可重复快速上下电。

（1）打开手动电源总开关。

（2）打开钥匙置于 ON 挡等待仪表自检完成，显示 "STOP"，蓄电池电压指向 27 V。

（3）将钥匙拧到 Start 挡，仪表显示 Ready。

（4）选择挡位后，仪表显示 GO 及相应挡位，方可行车。

2. 车辆行驶过程

（1）车辆起步加速时小油门控制，行驶过程中避免急加减速，避免紧急制动。

（2）松油门滑行和轻踩刹车都具有回收电能功能，根据路况信号灯信息提前减速滑行与轻踩刹车踏板配合使用最节能。

（3）紧急制动情况下，与传统车辆一样迅速踩下制动踏板，以保证行人与车辆的安全。

（4）正常行驶过程中进站等待上下客、等红绿灯时保持挡位在 D 挡即可，无需将挡位拨至空挡 N。禁止使用空挡 N 滑行及停车。

（5）车辆停运后，使挡位面板处于空挡 N，拉上手刹。

验证完成后收车，做现场好 5S 工作。

任务实施学生自我评价见表 5-1-2。

表 5-1-2　学生自我评价

学习目标＼掌握程度	了解	熟悉	掌握
纯电动城市公交客车的组成			
纯电动城市公交客车总体认知			
纯电动城市公交客车驾驶注意事项			

（1）简述纯电动城市公交车辆的组成。

（2）纯电动城市公交车辆在行驶过程中应注意哪些事项？

任务二　纯电动城市公交车充电设备使用

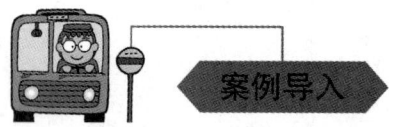

驾驶员小王在熟悉了纯电动城市公交车的结构及驾驶后，发现车辆显示电量不足，他需要及时将车辆驶入充电站并对车辆充电。

动力电池是纯电动城市公交车行驶的能量来源，动力电池组可提供 155～380 V 高压直流电，是供电机工作的唯一动力电源，其需要周期性的充电来补充能量。

充电系统是纯电动客车的能源补给系统，为车辆的持续行驶提供动力基础。充电式电动汽车通过外接充电接口，借助相关设备对动力电池补充电能。目前，常见的纯电动汽车均配备外接充电接口，纯电动城市公交车为保证运营能力，一般建有专用充电站或换电站，充电站设置快速充电桩，如图 5-2-1 所示。

图 5-2-1 纯电动城市公交车充电系统

一、快速充电系统

快充系统一般采用 380 V 工业三相交流电，经 AC/DC 转换后输出直流电，再将高压大电流通过动力电池高压线束给动力电池充电。其主要由供电设备、快充口、快充线束、高压控制盒、动力电池高压线束、动力电池等组成，如图 5-2-2 所示。

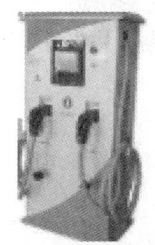  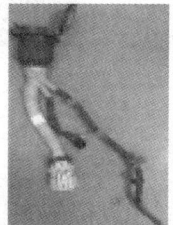

（a）快充桩　　　　　　（b）快充口　　　　　　（c）快充线束

（d）高压控制盒　　　（d）动力电池高压线束　　　（f）动力电池

图 5-2-2 纯电动客车快充系统

（一）快速充电桩

纯电动城市公交车快速充电桩一般安装于充电站内，根据不同的电压等级为各种型号的电动汽车充电。充电桩的输入端与交流电网连接,输出端装有充电插头为电动汽车充电,如图 5-2-3 所示。快速充电桩的充电流程如图 5-2-4 所示。

图 5-2-3　快速充电桩

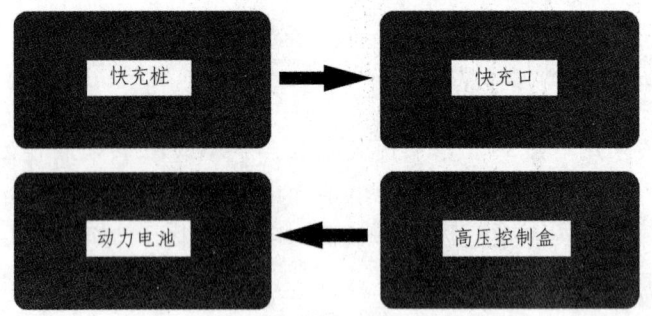

图 5-2-4　快速充电桩的充电流程

(二)快充口

快充口一般位于车辆机舱内部,用于与充电桩插头相连,如图 5-2-5 所示。当快充口打开时,车辆仪表盘上充电指示灯应常亮,当关闭快充口盖板时,仪表充电指示灯应熄灭。如果充电口盖板出现问题,车辆将无法正常充电。

图 5-2-5　快充口

快充口端子及充电枪如图 5-2-6 所示。

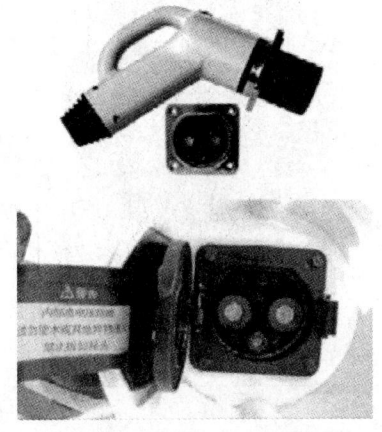

（a）直流充电桩充电枪及车端口

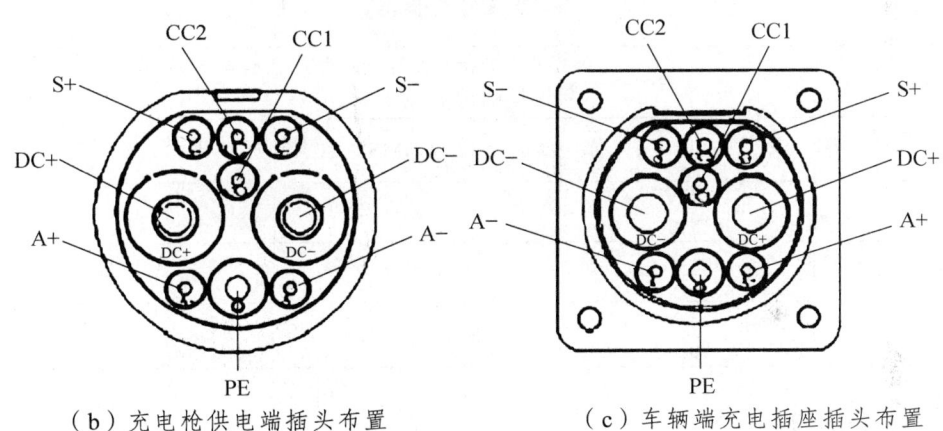

（b）充电枪供电端插头布置　　　　（c）车辆端充电插座插头布置

图 5-2-6　快充口端子

DC-：高压输出负极，经过高压控制盒快充负继电器，输出到动力电池高压负极。
DC+：高压输出正极，经过高压控制盒快充正继电器，输出到动力电池高压正极。
PE（GND）：车身搭铁，接蓄电池负极。
A-：低压辅助电源负极，接蓄电池负极。
A+：低压辅助电源正极，为 12V 快充唤醒信号，经过保险丝 FB27。
CC1：快充连接确认线，属内部电路，CC1 与 PE 之间有一个 1 000 Ω 的电阻。
CC2：快充连接确认线，接 VCU T121/17 脚。
S+：快充 CANH，与动力电池管理系统 BMS 及数据采集终端通信。
S-：快充 CANL，与动力电池管理系统 BMS 及数据采集终端通信。

（三）充电机插头端子定义

充电机插头与车辆充电口连接，实现车辆充电，如图 5-2-7 所示。其端子定义见表 5-2-1。

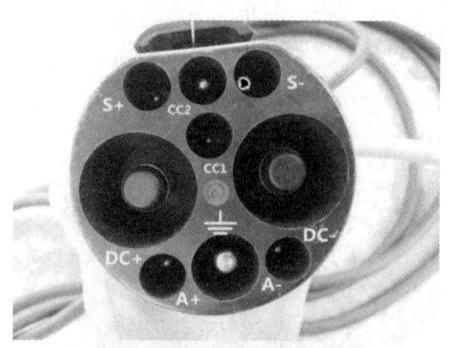

图 5-2-7 充电机插头

表 5-2-1 充电机插头端子定义

接点标识	额定电压电流	功能定义
DC+ DC−	750 V 32 A	高压直流输出，向动力电池充电
接地		保护接地，连接充电机和车辆车身地线，最终通过充电机接大地
S+ S−		充电机与 BMS 的 CAN 通信线
CC1	24 V 2 A	充电连接确认 1
CC2	24 V 2 A	充电连接确认 2
A+ A−	24 V 10 A	向 BMS 供 24 V 电

（四）高压控制盒

高压控制盒将由快充线束输入的高压直流电经过动力电池高压线束输送到动力电池，同时完成动力电池电源的输出及分配，实现对支路用电器的保护及切断，如图 5-2-8 所示。

图 5-2-8 高压控制盒

二、快速充电系统工作原理

（一）快充系统充电条件

快充系统完成充电需要满足以下条件：
（1）高、低电路连接须正常。
（2）电池管理系统供电电源、充电唤醒信号必须要正常。
（3）充电桩、整车控制器、电池管理系统之间通信须正常。
（4）动力电池电芯温度要处于合适的范围，一般为 5~45 ℃，单体电池间温差不超过 15 ℃，电压差不超过 300 mV。
（5）快充系统部件绝缘性能良好，不低于 500 Ω/V。

（二）快速充电系统工作原理

在充电连接操作过程中，接通保护接地插头，接通充电通信与供电端连接确认。其路径为：保护接地插头→直流电源正、负极→车辆端连接确认→低压辅助电源正、负极→充电通信与供电端连接确认→实现充电，如图 5-2-9 所示。

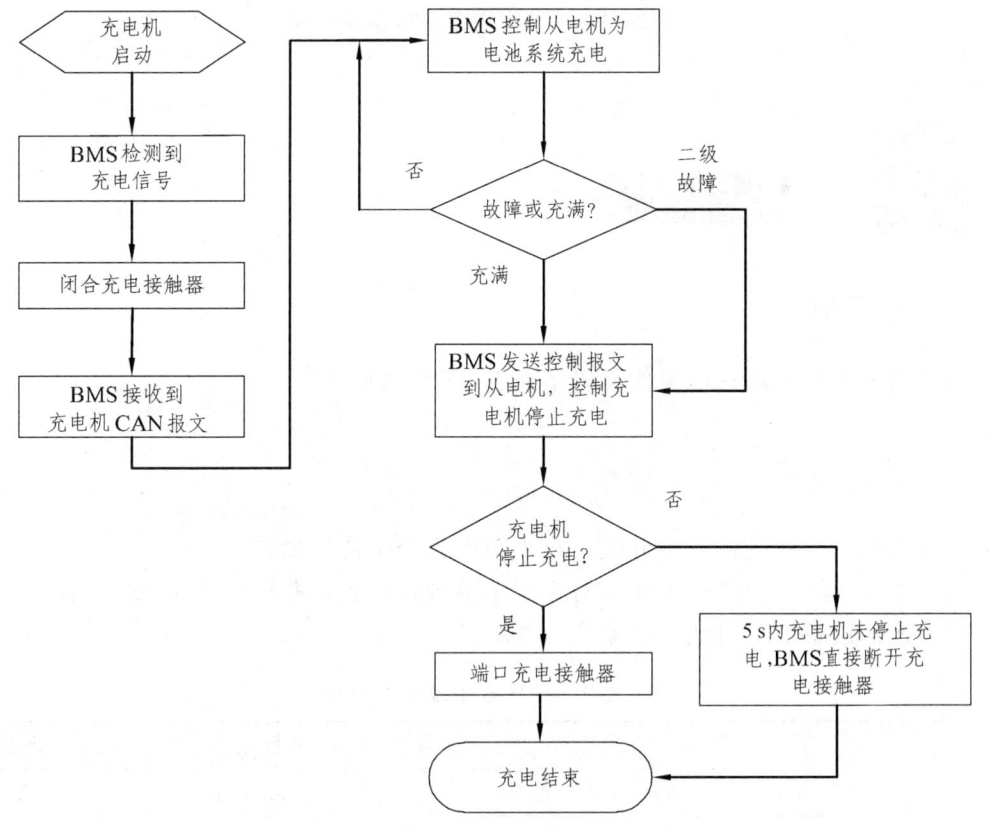

图 5-2-9　充电过程控制图

充电脱开过程刚好相反，首先脱开的是充电通信与供电端，最后脱开保护接地插头。快速充电系统连接如图 5-2-10 所示。

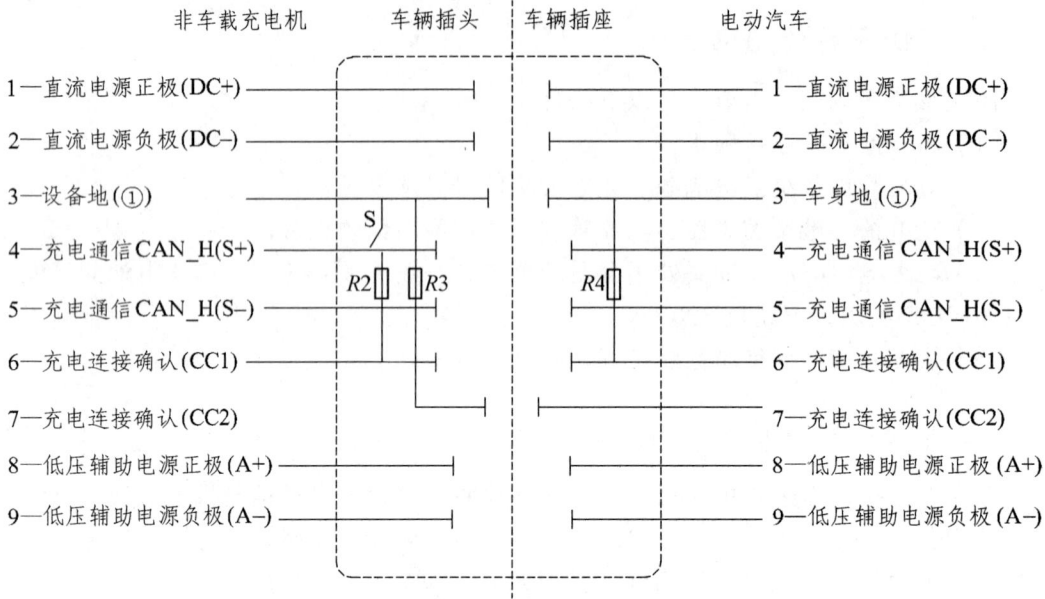

图 5-2-10 快速充电系统连接示意图

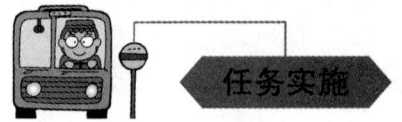

一、实施项目

纯电动城市公交车充电操作（以宇通 E7 车型为例）。

二、实施准备

（1）根据工位数量将学生分组，每小组 5 人分工协作操作。
（2）做好车辆安全防护工作，对完工车辆进行检验，并做好现场 5S 工作。
（3）操作设备及资料清单，见表 5-2-2。

表 5-2-2 操作设备及资料清单

序号	名称	型号	数量
1	实训用纯电动城市公交车整车	CK6106	2
2	纯电动城市公交车使用手册	CK6106	5
3	快速充电桩		2

三、实施过程

(一)检查车辆状态

(1)车辆停稳钥匙下电,电源总开关处于断开状态。
(2)车辆高压枪手动快断器连接正常。

(二)连接充电插头给车辆充电

(1)插好充电插头,再接通充电机电源开关,车辆充电。
(2)在充电过程中严禁移动拔出充电枪、移动充电车辆或进行其他作业、随意打开充电机舱门。

(三)充电结束后拔出充电枪

(1)充电桩会对电池进行均衡维护,根据电池状态决定维护时间,最长 30 min 强制跳枪,必须等到跳枪后再拔掉充电枪。
(2)恢复实施现场,做好现场 5S 工作。

任务实施学生自我评价见表 5-2-3。

表 5-2-3 学生自我评价

学习目标	掌握程度 了解	熟悉	掌握
纯电动城市公交车充电系统认知			
纯电动城市公交车的充电流程			
纯电动城市公交车驾驶的注意事项			

(1)纯电动城市公交车快充系统由哪些组成?
(2)简述纯电动城市公交车的充电过程。

任务三　纯电动城市公交车驱动电机故障检测

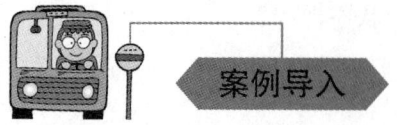

小王驾驶一辆纯电动城市公交车，在行驶过程中车辆底盘偶尔会发出异响，他初步判定异响来自驱动电机部位，现需要对此故障进行确认并及时报修。

一、纯电动城市公交车电机驱动系统的作用及组成

纯电动城市公交车电机驱动系统是车辆行驶系统中重要的执行机构，其作用是取代或部分取代了传统汽车的发动机，将电能转化为机械能，驱动车辆行驶，当车辆制动时，将车轮的动能回馈到蓄电池中。它是纯电动客车的核心部件之一。其驱动特性决定了车辆的主要性能指标，其基本框架如图 5-3-1 所示。

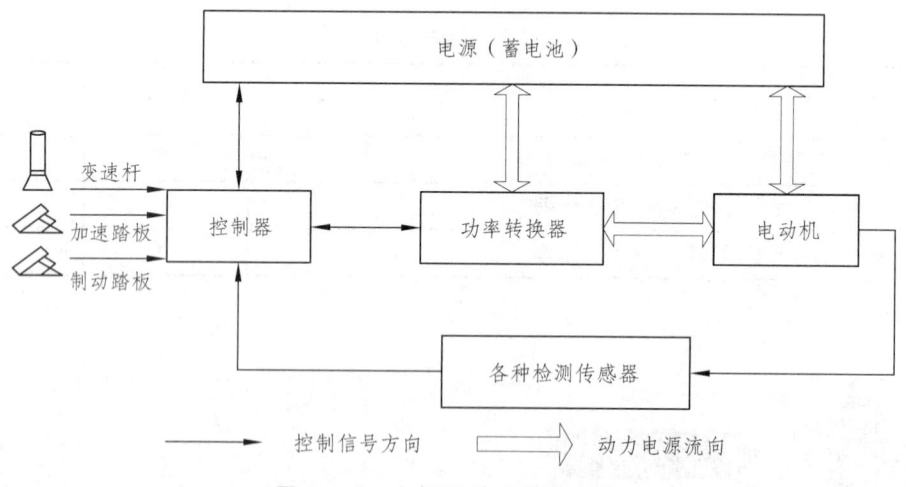

图 5-3-1　电机驱动系统框架图

纯电动城市公交车电机驱动系统主要有电动机、电机控制器和其他辅件组成，如图 5-3-2 所示。

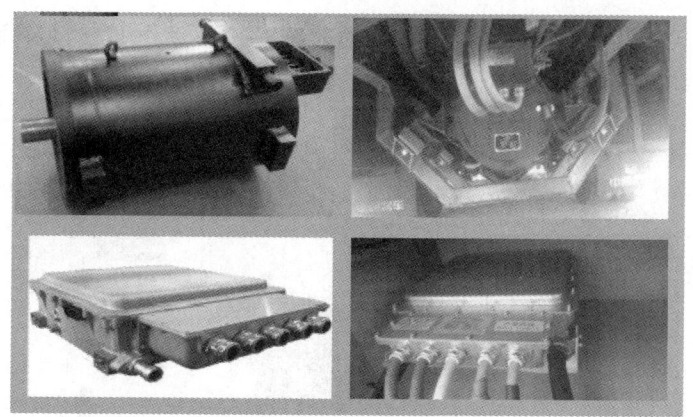

图 5-3-2　纯电动城市公交车电机驱动系统的组成

二、纯电动城市公交车电机驱动系统工作原理

驱动电机系统要能正常工作，必须满足如下条件：

（1）高压电源输入正常（绝缘性能大于 20 MΩ）。

（2）低压 12V 电源供电正常（电压范围为 9～16 V）。

（3）与整车控制器通信正常。

（4）电容放电正常。

（5）旋变传感器信号正常。

（6）三相交流输出电路正常。

（7）电机及电机控制器温度正常。

（8）开盖保持开关信号正常。

纯电动城市公交车电机驱动系统工作过程主要分为以下两个部分：

（1）车辆起步驱动：电池为驱动电机提供电能，驱动电机将电能转化为机械能，通过驱动桥驱动车辆行驶，其工作原理如图 5-3-3 所示。

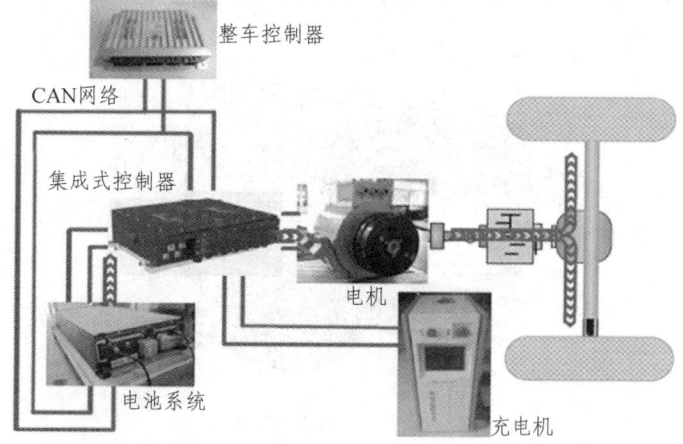

图 5-3-3　车辆起步驱动工作原理图

（2）车辆回收电能：在车辆滑行和制动时，车辆驱动电机转动，驱动电机作为发电机产生电能为电池充电，完成制动能量的回收，其工作原理图如图 5-3-4 所示。

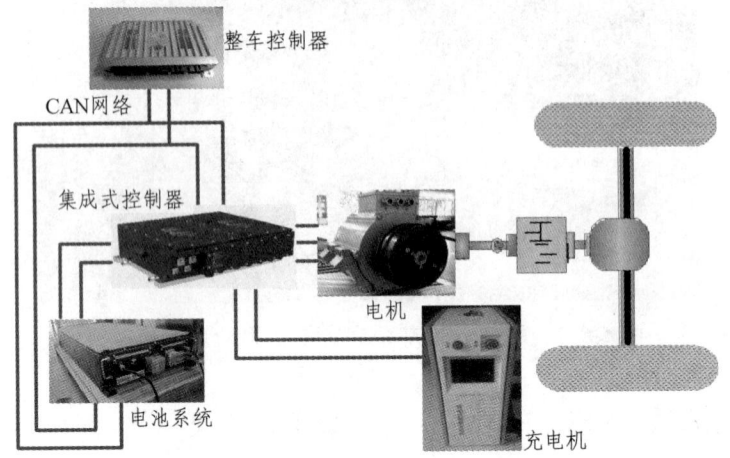

图 5-3-4　车辆回收电能工作原理

三、纯电动城市公交车电机驱动系统

（一）驱动电机

电动汽车队驱动电机有着不同的要求，纯电动城市公交车采用大功率驱动电机来驱动，其与采用小功率的电动机相比，具有电阻小、效率高、比能耗低、动力性能好等优点。在选用的驱动电机时，其性能必须充分满足电动城市公交车不同行驶工况的要求。

纯电动城市公交车采用驱动电机，实现了传统公交车难以实现的无级变速，通过控制调节驱动电机的输出扭矩及转速变化，从而改变车速，在驾驶过程中不需要频繁踩离合器和换挡，大大减轻了驾驶员的劳动强度。同时，驱动电机在车辆制动时能够作为发电机回收电能给动力电池，同时实现辅助制动的作用，所以纯电动公交车可取消缓速器。目前，纯电动公交车上普遍采用永磁同步电机作为驱动电机，如图 5-3-5 所示。

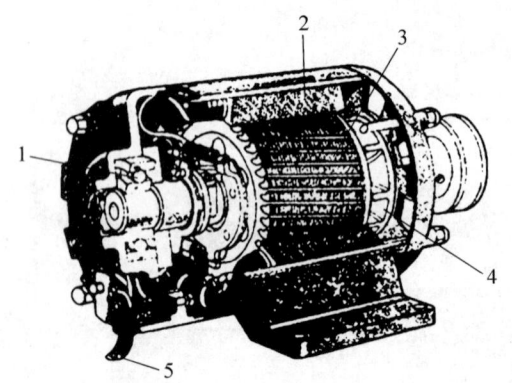

图 5-3-5　永磁同步电机

1—轴承；2—定子；3—转子；4—冷却风扇；5—电源线

（二）电机控制器

电机控制器是控制纯电动城市公交车动力电源与驱动电机之间能量传递的装置，是车辆驱动系统的控制中心。它的主要作用是为电机提供变压、变频电源，同时其电压和频率能够按照一定的控制策略进行调节，以使驱动系统具有良好的转矩-转速特性。电机控制器主要由接口电路、控制主板、IGBT模块（驱动）、超级电容、放电电阻、电流感应器、壳体水道等组成，如图5-3-6所示。

图 5-3-6　电机控制器的组成

在驱动电机系统中，驱动电机的输出主要靠控制单元给定命令执行。控制器将输入的直流电逆变成电压、频率均可调的三相交流电，供给配套的三相永磁同步电机使用。驱动电机控制器将动力电池提供的直流电转化为交流电，然后输出给驱动电机，通过电机的正转来实现车辆加速、减速，通过电机的反转来实现车辆的倒车，通过有效的控制策略，控制动力总成以最佳方式协调工作，如图5-3-7所示。

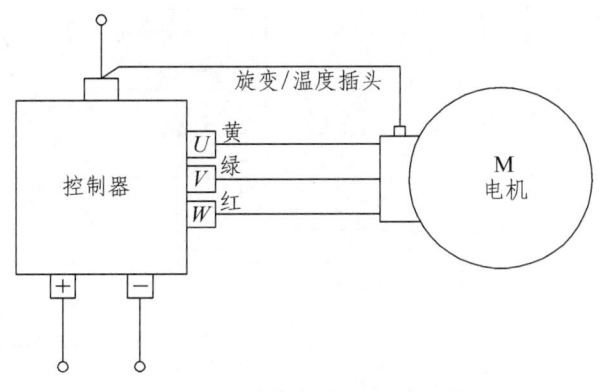

图 5-3-7　电机控制器工作原理

（三）旋转变压器

旋转变压器安装在驱动电机上，是一种电磁式传感器，用来测量旋转物体的转轴角位移和角速度。在电动汽车上，使用旋转变压器作测量驱动电机转速的元件，并将转速信号传递给电机控制器，如图 5-3-8 所示。

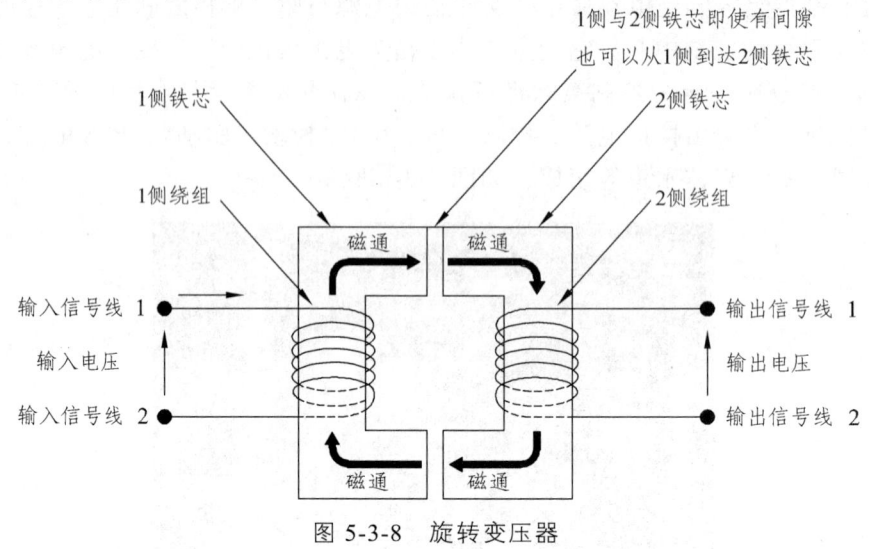

图 5-3-8　旋转变压器

四、纯电动城市公交车故障诊断

纯电动城市公交车在使用的过程中若出现故障，常采用纯电动城市公交车专用诊断仪进行数据读取，通过解读故障码快速找到故障点，可有效提高维修效率，但其依然遵循车辆维修基本方法，如图 5-3-9 所示。

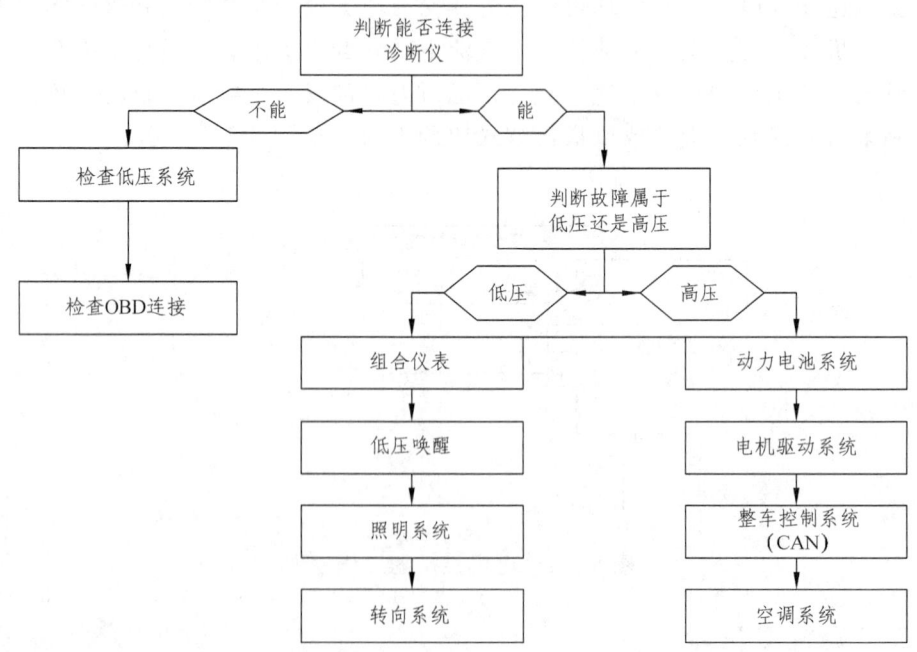

图 5-3-9　纯电动城市公交车故障诊断的基本方法

（1）动力电池和电池管理系统：动力电池系统故障、动力电池管理系统故障、动力电池电路故障和充电系统故障、动力电池组冷却系统泄漏故障、电子水泵故障等。

（2）电机与电机管理系统：驱动电动机故障、驱动电动机控制系统故障、驱动电机冷却系统故障。

（3）整车管理系统：CAN 通信故障、整车控制器故障、整车控制线路故障。

（4）低压电源系统：低压唤醒故障、DC-DC 故障、低压电路故障等。

（5）空调系统：空调控制策略逻辑错误、PTC 故障、电动压缩机及其他器件故障等。

（6）制动系统：EPS 系统故障、电动真空泵故障。

（7）电路故障：熔断丝、继电器或线路短路等导致的故障。

一、实施项目

纯电动城市公交车驱动电机的维护。

二、实施准备

（1）根据工位数量将学生分组，每小组 6 人分工协作操作。
（2）做好车辆安全防护工作，对完工车辆进行检验，并做好现场 5S 工作。
（3）操作设备及资料清单，见表 5-3-1。

表 5-3-1　操作设备及资料清单

序号	名　称	数量
1	纯电动城市公交车	2
2	纯电动城市公交车维修手册	5
3	车用数字万用表	5
4	纯电动城市公交车专用诊断仪	5
5	纯电动城市公交车维修专用工具	5
6	普通工具	5

三、任务执行

（一）驱动电机维护的注意事项

（1）做好车辆及场地安全防护工作。

（2）在开始维护之前，先断开蓄电池（首先断开负极）。

（3）对电机水道及相关部件先释放冷却系统压力，待电机控制系统与环境温度相当后方可操作。

（二）电机电控维护

（1）检查各低压信号端子是否插紧。

（2）检查副水箱标示冷却液的余量是否充足；检查水管是否存在损坏、松动。可视情进行更换。

（3）检查散热风扇是否漏水，风扇是否受到损伤或者积累灰尘。

（4）检查电机控制器和电机工作环境是否存在滴水，泡水的情况。

（5）检查低压控制电源电压是否正常，控制电源电压是否正常。

（6）检查高压电源上电后是否保持在合理范围。

（7）检查电机运转过程中有无异响，电机异响可以分为两类：电机机械异响，此异响是由机械结构引起的；电机电磁异响，此异响是由电机控制系统内部引起的。

（8）检查车辆运行时，观察电机转速与实际转速是否匹配。

（9）确认 AMP 接插件的信号线束可靠安装。

（10）确认电机及控制器密封良好。

（11）确认水道连接可靠。

（12）确认部件与车身接地良好。

（13）确认整车通信正常。

（14）对完工车辆进行检验，做好现场 5S 工作。

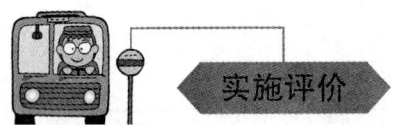

实施评价

任务实施学生自我评价见表 5-3-2。

表 5-3-2　学生自我评价

学习目标　　　　掌握程度	了解	熟悉	掌握
纯电动城市公交车的组成			
纯电动城市公交车总体认知			
纯电动城市公交车驾驶的注意事项			

(1) 纯电动城市公交车驱动电机控制的工作原理是怎样的？

(2) 绘制纯电动城市公交车驱动控制系统维护作业流程图。

参考文献

[1] 熊苡葵. 汽车电气与电子设备检测仪器[M]. 北京：中国劳动社会保障出版社，2018.
[2] 郑烨珺. 汽车电气设备维修[M]. 北京：机械工业出版社，2013.
[3] 王启瑞. 汽车电气及电子设备[M]. 合肥：安徽科学技术出版社，2000.
[4] 黄孟涛. 汽车电气设备维修[M]. 北京：中国劳动社会保障出版社，2004.
[5] 蒋璐璐. 汽车电气系统检修[M]. 北京：清华大学出版社，2012.
[6] 王盛良. 汽车电气设备构造与检修技术[M]. 2版. 北京：机械工业出版社，2013.
[7] 左伟奇，许泳滨. 汽车电气设备检修[M]. 长沙：湖南大学出版社，2015.
[8] 冀旺年. 汽车车身电气设备系统及附属电气设备[M]. 北京：电子工业出版社，2005.